Schoebe
Elementargrammatik
und Rechtschreibung

Verfasst von Gerhard Schoebe

Oldenbourg

© 1996 Oldenbourg Schulbuchverlag, München
www.oldenbourg-schulbuchverlag.de

Dieses Werk folgt der reformierten Rechtschreibung und Zeichensetzung

1. Auflage 1996 E
Unveränderter Nachdruck   04   03   02
Die letzte Zahl bezeichnet das Jahr des Drucks.

Lektorat: Petra Lehrnbecher
Herstellung: Eva Fink, Johannes Schmidt-Thomé
Umschlaggestaltung: Paxmann Teutsch, München
Umschlagkonzeption: Mendell & Oberer, München
Satz: Tutte Druckerei GmbH, Salzweg-Passau
Druck und Bindearbeiten: R. Oldenbourg Graph. Betriebe GmbH, München

ISBN 3-486-88262-7

Inhalt

Wortarten

Überblick

Wörter, die man verändern (beugen) kann (flektierbare Wortarten)			
Wortart		Beispiel	flektierte Formen
Verb	Tätigkeitswort	laufen	(du) läufst, er lief
Substantiv (Nomen)	Hauptwort, Dingwort	Kopf	Köpfe, (des) Kopfes
Artikel	Geschlechtswort	der	die, des, dem
Adjektiv	Eigenschaftswort, Artwort	schön	(das) schöne (Haus) (das) schönere, (das) schönste (Haus)
Pronomen	Fürwort		
Personal-		ich, du, er, sie, es, wir	mir, mich, ihm
Possessiv-		mein, dein, sein	meine
Demonstrativ-		dieser	diese
Relativ-		der, welcher	die, welche
Frage-		wer? was?	wessen?
Reflexiv-		sich	mich, dich
Indefinit-		niemand	niemandem
Numerale	Zahlwort	drei erster	(den) dreien (dem) ersten
Wörter, die man nicht verändern (beugen) kann (unflektierbare Wortarten)			
Adverb	Umstandswort	hier, heute, sehr	
Präposition	Verhältniswort	in, vor, mit	
Konjunktion	Bindewort	und, aber, denn, weil	
Interjektion	Ausrufewort	oh!	

Wörter, die man verändern (beugen) kann   (flektierbare Wortarten)

	Bezeichnung	Leistung	Beispiel
2	**Das Verb**	Tätigkeitswort drückt – Tätigkeiten (Handlungen) – Vorgänge – Zustände aus.	 Ernie *brachte* den Abfall *fort*. Jetzt *spielt* Ernie mit dem Ball. Der Ball *rollt* unter den Tisch. Bert *liegt* im Bett.

Bezeichnung	Leistung	Beispiel

Konjugation
(Beugung)

Person	Numerus (Zahl)	
	Singular (Einzahl)	Plural (Mehrzahl)
1.	ich lauf*e*	wir lauf*en*
2.	du l*ä*uf*st*	ihr lauf*t*
3.	er, sie, es l*ä*uf*t*	sie lauf*en*

Hilfe fürs Erkennen des Verbs

Aus einem Satz findet man das Verb heraus, wenn man ihn

– in eine andere Person

– oder in eine andere Zeit

setzt.

Das Verb *ändert sich* dabei.

Ernie brachte den Abfall in die Mülltonne.
Er brachte den Abfall in die Mülltonne.
Du *brachtest* den Abfall in die Mülltonne.
Er *bringt* den Abfall in die Mülltonne.

bringen ist das Verb.

Wortauftrennung beim Verb

Viele Verben sind zusammengesetzt aus **Grundwort** und **Verbzusatz**.

Bei den meisten von ihnen **zerlegt sich** das Verb im Satz.

fortbringen, anrufen, untersuchen
bringen + fort

Er *brachte* den Abfall *fort.*
(Dieses Verb ist eine **trennbare [auch: unfeste] Zusammensetzung**.)

3 Das Substantiv
(auch genannt:
Das Nomen)
(Plural: die Substantive,
die Nomen)

Namenwort, Dingwort, Hauptwort benennt

– Lebewesen

– Pflanzen
– Dinge
– Gedankendinge
(abstrakte Begriffe,
Wahrnehmungen und
Ähnliches)

Karl, Bruder, Nachbarin, Busfahrer;
Elefant
Rose
Haus, Bus, Teller, Gabel
Freundschaft, Verdacht, Wärme, Gebell,
Durst, Freude, Angst, Aufregung

4 Der Artikel

Geschlechtswort,
„Begleiter" eines
Substantivs (Nomens)

bestimmter Artikel

unbestimmter Artikel

der Bruder, *die* Schwester, *das* Kind,
die Brüder
ein Onkel, *eine* Tante, *ein* Auto

Bezeichnung	Leistung	Beispiel

5 Deklination
(Fallsetzung)

Es heißt: *der Numerus*, Plural: *die Numeri*; *der Kasus*, Plural: *die Kasus*.

Kasus (Fall)	**Numerus**	
	Singular	**Plural**
1. Fall (Werfall) **Nominativ**	der Hund	*die* Hund*e*
2. Fall (Wesfall) **Genitiv**	*des* Hund*es*	*der* Hund*e*
3. Fall (Wemfall) **Dativ**	de*m* Hund	de*n* Hund*en*
4. Fall (Wenfall) **Akkusativ**	de*n* Hund	d*ie* Hund*e*

Das Genus
Es gibt drei Genera:
maskulinum
femininum
neutrum

grammatisches Geschlecht	Plural: die Genera	
„männlich"	*der* Gegenstand	
„weiblich"	*die* Sache	
„keines von beiden" (sächlich)	*das* Ding	

6 Das Adjektiv

Artwort, Eigenschaftswort bezeichnet Art, Eigenschaft, Merkmale von
– Personen und anderen Wesen, Pflanzen, Dingen, Gedankendingen
– Tätigkeiten, Vorgängen und Zuständen

Fast alle Adjektive sind steigerungsfähig:

lustig, sportlich, dunkel, kurz

Der *lustige* Jonas pfeift sich eins.

Boris sortiert die Fotos *sorgfältig*.

Der Positiv — Grundstufe (Normalstufe) — hübsch, schlau, dick

Der Komparativ — höherer Grad — hübsch*er*, schlau*er*, dick*er*

Der Superlativ — Höchstgrad — (der) hübsch*este*, schlau*este*, dick*ste*, am sorgfältig*sten*

7 Die Pronomen

Fürwörter
entweder „Stellvertreter"

oder „Begleiter" zu einem Substantiv (Nomen)

Fast alle Pronomen sind deklinierbar.

Pronomen bedeutet wörtlich:
1. ,für ein Nomen'
2. ,vor einem Nomen'

Ich finde *es* schön (das neue Fahrrad). *es* als Stellvertreter für *Fahrrad*
mein Fahrrad

dieser
dieses
diesem
diesen

Bezeichnung	Leistung	Beispiel
a) **Das Personal-pronomen**	persönliches Fürwort „Stellvertreter" für Substantive (Nomen) benennt nicht, aber **steht für** – Personen und andere Wesen – Pflanzen – Dinge – Gedankendinge	ich; du; er, sie es; wir; ihr; sie

Numerus:		Singular					Plural		
Person:		1.	2.		3.		1.	2.	3.
Kasus	Nom.	ich	du	er	sie	es	wir	ihr	sie
	Gen.	meiner	deiner	seiner	ihrer	seiner	unser	euer	ihrer
	Dat.	mir	dir	ihm	ihr	ihm	uns	euch	ihnen
	Akk.	mich	dich	ihn	sie	es	uns	euch	sie

	Singular	Plural
	Eine Dame oder ein Herr wird angeredet:	Mehrere Damen oder Herren werden angeredet:
Nom.	Sie	Sie
Gen.	Ihrer	Ihrer
Dat.	Ihnen	Ihnen
Akk.	Sie	Sie

b) **Das Possessiv-pronomen**	Fürwort für die Zugehörigkeit „besitz"anzeigendes Fürwort fast immer „Begleiter" von Substantiven (Nomen)	mein, meine, mein; meine; dein; sein; meins usw. *Mein* Pullover ist grün.
c) **Das Demonstra-tivpronomen**	hinweisendes Fürwort 1. auswählender und verstärkender „Begleiter" von Substantiven (Nomen) 2. „Stellvertreter" für Substantive (Nomen) (so wie das Personalpronomen)	dies; dieser, diese, dieses, diese; jener; der; derjenige; (ein) solcher; derselbe; selbst Nimm *diese* Schraube! Daniela gab den Ball an Paul ab. *Dieser* schoss.

Bezeichnung	Leistung	Beispiel

**d) Das Relativ-
pronomen**

Beziehungsfürwort, bezüg-
liches Fürwort

der, die, das; die
welcher, welche, welches; welche; wer,
was

leitet einen Nebensatz ein

Die Bastelanleitung, *die* Sascha mir gelie-
hen hat, konnte ich gut verstehen.

und bezieht ihn

– auf ein Substantiv (No-
men) oder

Ich suche das Bastelbuch, *das* Tina mir
mitgebracht hat.

Pronomen des überge-
ordneten Satzes

Das ist es, *was* ich jetzt brauche.

– oder auf den ganzen
übergeordneten Satz

Ich verstehe genau, *was* du meinst.

meistens „Stellvertreter“,

das Buch, *das* du suchst

manchmal „Begleiter“
zu einem Substantiv (No-
men)

Ich weiß, *welches* Buch du meinst.

Das Relativpronomen *der, die, das* wird so ähnlich dekliniert wie der
bestimmte Artikel (vgl. Bemerkung neben der Tabelle).

(Diejenigen Formenbestand-
teile, die von der Deklination
des bestimmten Artikels ab-
weichen, sind durch Schräg-
druck gekennzeichnet.)

Relativ-pronomen	Singular			Plural
	Mask.	Fem.	Neutr.	
Nominativ	der	die	das	die
Genitiv	des*sen*	der*en*	des*sen*	der*en*
Dativ	dem	der	dem	den*en*
Akkusativ	den	die	das	die

**e) Das Frage-
pronomen
(Interrogativ-
pronomen)**

Fragefürwort
leitet einen Fragesatz ein

wer? was? welcher?

entweder „Stellvertreter“
oder „Begleiter“ zu einem
Substantiv (Nomen)

Wer hat angerufen?

Welchen Pulli soll ich anziehen?

**f) Das Reflexiv-
pronomen**

rückbezügliches Fürwort
bezieht sich zurück auf den
Handelnden

Sie freut *sich* über das Geschenk.

**g) Das Indefinit-
pronomen**

unbestimmtes Fürwort
Pronomen der Menge

meist „Stellvertreter“ von
Substantiven (Nomen)

jemand, man, niemand;
mancher, einige, alle, alles;
jeder, keiner, kein;
etwas, nichts

Manche von ihnen kann
man nicht deklinieren.

man, etwas, nichts

Bezeichnung	Leistung	Beispiel
8 **Das Numerale** (Plural: Die Numeralia oder: die Numeralien)	Zahlwort	
Kardinalzahl	Grundzahl	eins, zwei, dreißig, hundert einer; ein, eine, ein
	Die Kardinalzahlen sind Adjektive, deren Wortinhalt eine Zahl ist.	drei, fünf, null; beide, halb
	Die Großzahlen sind ihrer Form nach Substantive (Nomen), die Bruchzahlen hingegen Adjektive, manchmal substantiviert.	eine Million viertel, drittel, halb, ein halbes Kilo das Viertel
unbestimmtes Zahlwort (unbestimmtes Numerale)		viel(e) (mehrere, die meisten), wenig(e); einzig(e), übrig(e), verschieden(e)
Ordinalzahl	Ordnungszahl Die Ordinalzahlen sind Adjektive, deren Wortinhalt eine Zahl ist.	(der, die, das) erste, zweite, dritte usw. das *dritte* Kind

Wörter, die man nicht verändern (beugen) kann   (unflektierbare Wortarten)

9 **Das Adverb** (Plural: Die Adverbien)	„Umstandswort", Lagewort; bezeichnet die näheren Umstände, macht Angaben	
	– zur Lage im Raum	hier, da, dort, oben, vorn, überall, links, innen, draußen, aufwärts, irgendwo, nirgends usw.
	– zur Lage in der Zeit	dann, da, damals, gestern, heute, jetzt, morgen, morgens, neulich, vorher, noch, nun, oft, immer, niemals, nicht, irgendwann usw.
	– zur Art und Weise und zum Grad	gern, so, anders, wohl, vielleicht usw.
	– zur gedanklichen Verknüpfung	deshalb, folglich, infolgedessen, sonst, dennoch, trotzdem, auch
	Man kann mit Hilfe von Adverbien den Bedeutungsinhalt verschiedenartiger Wörter näher bestimmen:	
	– eines Substantivs (Nomens).	Der *Tempel* *drüben* gehört zu Liliputs Hauptstadt.
	– eines Verbs	Die Liliputaner *haben* sich *sehr* gefreut.
	– eines Adjektivs	Gulliver war *sehr* *müde*.
	– eines Adverbs	Der Kaiser gähnte *sehr* oft.

9

Bezeichnung	Leistung	Beispiel
	Man kann mit ihrer Hilfe auch das gedankliche Verhältnis zwischen zwei Sätzen ausdrücken.	Gulliver war müde, *auch* der Kaiser gähnte.
Das Frageadverb	dient zur Einleitung einer Frage	wohin? wo? wann? wie? warum? wozu?
Das Relativadverb	bezieht einen Nebensatz auf den übergeordneten Satz (vgl. Nr. 40 und 7d)	Gulliver wußte nicht, *woher* die vielen Menschen kamen. wo, wann, wie, weshalb, worüber
10 Die Präposition	Verhältniswort, steht vor einem Substantiv (Nomen)	Meine Schwester besucht *in Köln* die Fachschule.
	oder Pronomen	Sie wohnt *bei meiner Tante.* Ich will *mit ihr* die Weihnachtsausstellung besuchen.
	Die Präposition wird manchmal mit dem Artikel verschmolzen. zu + der = zur in + dem = im	Sie geht in Köln *zur* Fachschule.
11 Die Konjunktion	Bindewort	und, oder, aber, denn, weil, dass
	verbindet Wörter, Satzglieder und ganze Sätze miteinander	Die Liliputaner sind sehr klein *und* leicht *und* haben nur geringe Körperkräfte, *aber* sie können dennoch schwere Lasten bewegen, *denn* sie sind gute Techniker.
– nebenordnende	verknüpft aneinandergereihte Hauptsätze	und, oder, aber, sondern, denn Sie lief. *Denn* es regnete heftig.
– unterordnende	ordnet den Nebensatz einem Hauptsatz oder einem anderen Nebensatz unter.	dass, weil, ob, als, wenn, nachdem, obwohl Sie lief, *weil* es heftig regnete.

Die Partikeln
Adverb, Präposition und Konjunktion werden oft unter dem übergeordneten Begriff **Partikel** zusammengefasst; sie sind Partikeln.

Partikel

Adverb   Präposition   Konjunktion

Formenwelt des Verbs

Die vier Gefüge des Verbs (Überblick)

12

Person und Numerus

z. B. er singt
du singst
wir singen

Tempus

z. B. er singt
er sang
er hat gesungen

Infinitiv (singen)

z. B. er singt
Der Ton wird gesungen.

z. B. er singt
er singe
er sänge

Handlungsart

Modus

Die Personalformen und die infiniten Formen

Bezeichnung	Leistung	Beispiel
13 **Die Personalformen** (auch **finite Formen** genannt)	*finit* wörtlich = ,bestimmt' nach Person und Zahl (Numerus)	

Das Gefüge der Personen und Numeri:

Person	Numerus	
	Singular	Plural
1.	ich ruf*e*	wir ruf*en*
2.	du ruf*st*	ihr ruf*t*
3.	er, sie, es ruf*t*	sie ruf*en*

14 **Die infiniten Verbformen**	*infinit* wörtl. = ,unbestimmt', nicht bestimmt nach Person und Zahl	
– **Der Infinitiv**	Nennform, Grundform	spiel*en*, ruf*en*, reiz*en*

Bezeichnung	Leistung	Beispiel
– **Das Partizip I** (Plural: Die Partizipien) (auch genannt: Partizip Präsens)	die *end*-Form Das Partizip I kann auch als Adjektiv verwendet werden.	spiel*end*, ruf*end*, reiz*end* Sie hat im Schaufenster ein *reizendes* Kleid gesehen.
– **Das Partizip II** (auch genannt: Partizip Perfekt)	dient zur Bildung der zu- sammengesetzten Verbfor- men	*ge*spiel*t*, *ge*rufen, *ge*reizt Der Besucher *hat* den Löwen *gereizt*. Der Löwe *wurde* *gereizt*.

	Das Partizip II kann auch als Adjektiv verwendet werden.	Ich wunderte mich über den *gereizten* Ton.

15	**Zusammengesetzte Verbformen**		

haben, sein, werden	werden verwendet teils als **Hilfsverben** zur Bil- dung der zusammengesetz- ten Formen, teils als **Vollverben**	Petra *hat* den Koffer *gepackt*. Sie *ist* in den Keller *gegangen*. Sie *wird* den Rucksack dort *finden*. Die Tasche *wird* noch *gesucht*. Ute *wird* Ärztin. Sie *hat* Lust dazu. Er *ist* froh.

Die Tempora

(Singular: Das Tempus, Plural: Die Tempora)

16	**Überblick über die Tempora**		
		Präsens	ich sage
		Präteritum	ich sagte
		Perfekt	ich habe gesagt
		Plusquamperfekt	ich hatte gesagt
		Futur	ich werde sagen
		Futur II	ich werde gesagt haben

12

17

		Sprechzeitpunkt	
Plusquamperfekt ⟨noch davor⟩	**Präteritum** ⟨vergangen⟩	**Präsens** ⟨jetzt⟩	**Futur** ⟨später/vermutlich⟩
Nachdem mein Bruder das Tor *geschossen hatte*,	*warf* er vor Freude die Arme in die Luft.	Jetzt *erzähle* ich es dir,	und morgen *werde* ich es meinem Großvater *erzählen*.
Nachdem mein Bruder den Arm *gebrochen hatte*,	**Perfekt** ⟨vollendet, vergangen⟩ *hat* der Arzt den Arm *eingegipst*,	und jetzt *trägt* mein Bruder den Arm in einer Schlinge.	

Zum Verhältnis des Perfekts zum Präteritum: vgl. S. 13 unten.

Bezeichnung	Leistung	Beispiel
Das Präsens ⟨jetzt⟩	Tempus für: – jetzt (Gegenwart)	Elena *holt* gerade den schwarzen Koffer vom Schrank.
	– Vergangenes (zur Vergegenwärtigung)	Gestern *standen* wir vor dem Fahrkartenschalter. Da *legt* sich plötzlich eine Hand auf meine Schulter …
	– Zukunft	Morgen *fahren* wir ans Meer.
	– jetzt und immer (immer wieder)	Wir *wohnen* in Ulm. In den Sommerferien *verreisen* wir jedes Jahr; meine Großmutter *gießt* dann immer die Blumen in unserer Wohnung.
Das Präteritum ⟨vergangen⟩	Tempus für: – vergangen (normales Erzähltempus)	Gestern *standen* wir in der Schlange vor dem Fahrkartenschalter.
Das Perfekt ⟨vollendet und vergangen⟩ – in der gesprochenen Sprache	häufig verwendet für: Vergangenheit (wie das Präteritum)	Oma *hat* vorhin Zeitung *gelesen*. = Oma *las* vorhin Zeitung.
– in der geschriebenen Sprache	oft verwendet, um auszudrücken, dass ein in der Vergangenheit vollendeter Vorgang auf die Gegenwart des Schreibenden einwirkt (Ergebnisbetonung)	Meine Großmutter *hat angerufen*. (und nun weiß ich Bescheid)

Bezeichnung	Leistung	Beispiel

Perfekt ⟨vollendet⟩	Präsens ⟨jetzt⟩
Weil es die ganze Nacht *geschneit hat*,	*liegt* heute eine dichte Schneedecke.
in der Ver- gangenheit vollendet	Ergebnis

└── *wirkt auf die* ──→
Gegenwart ein

Bezeichnung	Leistung	Beispiel
Das Plusquam- perfekt ⟨**noch davor**⟩	zur Bezeichnung der „Vor- vergangenheit" (d.h. zeit- lich früher als Perfekt oder Präteritum) *Plusquamperfekt* bedeutet wörtlich: ‚mehr als Perfekt'	Nachdem es tagelang *geregnet hatte*, *standen* Pfützen auf den Straßen.
Das Futur ⟨**später/vermutlich**⟩	– zum Ausdruck der Zu- kunft (besonders bei Versprechungen, Be- teuerungen, Drohun- gen) **(Futur der Zukunft)**	Das *wirst* du mir *büßen*!
	– wenn der Sprecher aus- drücken will, dass er nicht genau weiß, ob ein Geschehen stattfindet **(Futur der Vermutung)**	Ronja *wird* sich jetzt gerade ein Eis *kaufen*.
	Zur **Bezeichnung der Zu- kunft** verwendet man je- doch meistens **Präsens + Zeitangabe**.	Wir *besuchen morgen* Tante Jennifer.
18 **Die Bildungsweise der Tempora**		
Starke und schwache Verben	bilden das Präteritum auf verschiedene Weise	
„starke" Verben	beim Präteritum **Wechsel des Vokals** im Wortstamm	ich l*au*fe – ich l*ie*f er g*i*bt – er g*a*b – (Partizip: geg*e*ben)
„schwache" Verben	Merkmal für das Präteri- tum: **eingeschobenes t** bzw. **eingeschobenes et**	ich kaufe – ich kauf*te* ich arbeite – ich arbeit*ete*

Bezeichnung	Leistung	Beispiel
Perfekt	Bildung durch die **Perso-nalform von „haben"** + **Partizip II**;	Bei Anne *hat* sich wegen des Windes das Haarband *gelöst*. Ihr *habt* es nicht *gemerkt*.
	bei einigen Verben (vor allem Verben der Be-wegung, wie z. B. *gehen, laufen, rennen*) und bei den Verben *sein* und *werden*:	
	durch die **Personalform von „sein"** + **Partizip II**	Ich *bin gerannt*. Vater *ist* sofort *gekommen*. Thomas *ist* krank *gewesen*.
Plusquamperfekt	durch die **Vergangenheits-personalform von „haben"** bzw. **„sein"** + **Partizip II**	Sie *hatte* den Knoten nicht fest genug *gebunden*. Ich *war gerannt*.
Futur	durch die **Personalform von „werden"** + **Infinitiv**	Vater *wird* Anne übermorgen *anrufen*.
Futur II (kommt nur selten vor)	durch die **Personalform von „wer-den"** + **Partizip II** + **„haben" oder „sein"**	Petra *wird* das schon morgen Abend *geregelt haben*. Ali *wird* wohl zu weit *gefahren sein*.

Die Handlungsarten

19 Das Aktiv („Tatform")

Die Mutter → sucht → Kemal.

Das Passiv („Leideform")

Kemal ← wird ← von seiner Mutter ← gesucht.

Bezeichnung	Leistung	Beispiel
Die Verwendung des Passivs	– Man kann den Vorgang betonen statt des Han-delnden.	Kemal *wird gesucht*. Die Wunde *wurde* sorgfältig *gereinigt*.
	– Man kann den Betroffe-nen (die behandelte Sa-che) mehr als den Han-delnden hervorheben.	Gabi *wurde* von Dagmar *gereizt*. Buntwäsche *wird* nur bis 60° *erhitzt*.
	– Man kann den Handeln-den unerwähnt lassen.	Gabi *wurde gereizt*. (von wem?) Hiermit *wird angeordnet*, dass …

Bezeichnung	Leistung	Beispiel

21 Die Bildungsweise des Passivs

durch die **Personalform von „werden"** + **Partizip II**

Er *wird gesucht*.

im Perfekt und Plusquamperfekt durch die **Personalform von „sein"** + ⟨**Partizip II**⟩ + **„worden"**

Er *ist gesucht worden*.

Nicht verwechseln:

Aktiv – Futur:
Personalform von „werden" + **Infinitiv**
und
Passiv – Präsens:
Personalform von „werden" + **Partizip II**

Er *wird* übermorgen *anrufen*.

Sie *wird* jetzt *angerufen*.

Überblick über die Formen von Aktiv und Passiv

Tempus	Aktiv	Passiv
Präsens	ich suche sie sucht	ich werde gesucht sie wird gesucht
Präteritum	ich suchte sie suchte	ich wurde gesucht sie wurde gesucht
Perfekt	ich habe gesucht sie hat gesucht	ich bin gesucht worden sie ist gesucht worden
Plusquamperfekt	ich hatte gesucht sie hatte gesucht	ich war gesucht worden sie war gesucht worden
Futur	ich werde suchen sie wird suchen	ich werde gesucht werden sie wird gesucht werden

Daneben gibt es als besondere Formen das **Zustandspassiv**.

Aktiv:	Der Doktor *zieht* den Zahn.
Passiv (Handlungspassiv):	Der Zahn *wird gezogen*.
Zustandspassiv:	Der Zahn *ist gezogen*.

Das Zustandspassiv kommt fast nur vor als

Präsens	ich bin gefesselt
Präteritum	ich war gefesselt

Bezeichnung	Leistung	Beispiel

Die Modi
(Singular: Der Modus, Plural: Die Modi)

22

Bezeichnung	Leistung	Beispiel
Überblick über die Modi		
Der Indikativ	Wirklichkeitsform	sie redet, sie hat geredet usw.
Die Konjunktive	Möglichkeitsformen	
Konjunktiv I	⟨nur berichtet⟩ („ohne Gewähr", nicht gesichert)	Hanna sagte, Yannick *sei* mit dem Tausch zufrieden. Er *habe* Grund zur Freude. Ich glaubte, Karl *sei* krank.
Konjunktiv II	⟨nur gedacht, aber nicht wirklich⟩	Seine Mutter *wäre* unglücklich, wenn sie es *erführe*. Wenn Laura es *bemerkt hätte*, *wäre* sie nicht ins tiefe Wasser *gegangen*.
Der Imperativ	Befehlsform wird nur im Präsens gebildet, und zwar als 2. Pers. Sing. und 2. Pers. Plur.	bringe, arbeite, schreib, gib, nimm! bringt, arbeitet, schreibt, gebt, nehmt!

Tempusformen des Konjunktivs

Tempus	zum Vergleich: Indikativ	Konjunktiv I	Konjunktiv II	Umschreibung des Konj. II (vorwiegend mündlicher Sprachgebrauch)
Präsens	es liegt	es liege	es läge	es würde liegen
Perfekt	es hat gelegen	es habe gelegen	es hätte gelegen	es würde gelegen haben
Futur	es wird liegen	es werde liegen	es würde liegen	——

Bezeichnung	Leistung	Beispiel

Die Verwendung der Konjunktive

23 **Der Konjunktiv I** — Modus der indirekten Rede — sie trinke, er möge

	direkte Rede	→	indirekte Rede
Patrick sagte	: „Ute trinkt Milch."	→	, Ute *trinke* Milch.
Patrick sagte	: „*Ich* mag lieber Saft."	→	, *er möge* lieber Saft.

keine Stellungnahme zum Inhalt der Rede	der Sprecher oder die Sprecherin verbürgt sich für die richtige Wiedergabe der Rede, aber nicht für die Wahrheit ihres Inhalts	(Patrick hat es wirklich gesagt.) (**Es bleibt offen**, ob der Inhalt von Patricks Rede zutreffend war, d.h. ob Ute wirklich Milch trank oder trinkt.)
Konjunktiv I außerhalb indirekter Reden	der Sprecher oder die Sprecherin hält zu dem, was er oder sie sagt, **Abstand**	Ich hatte gedacht, Kirschsaft *sei* sauer. (Ist Kirschsaft nach seiner heutigen Meinung wirklich sauer? Das bleibt offen.)

24 **Tempusfolge in der indirekten Rede**

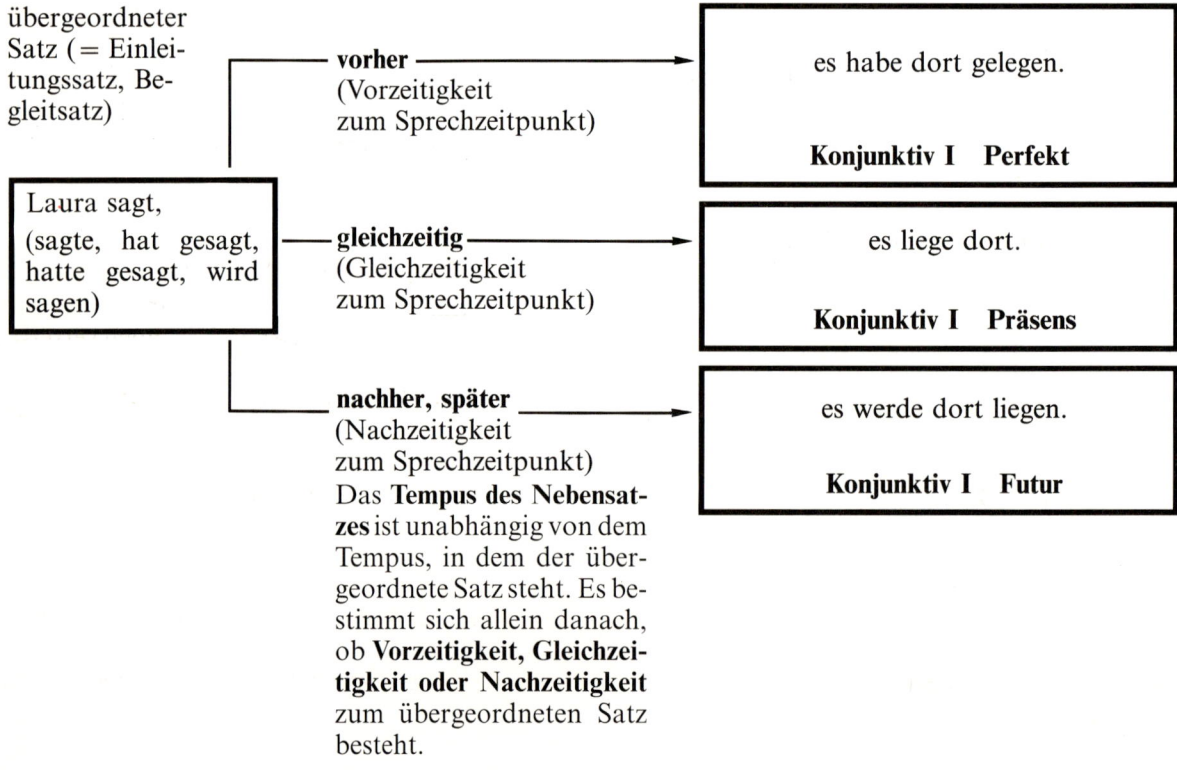

übergeordneter Satz (= Einleitungssatz, Begleitsatz)

Laura sagt, (sagte, hat gesagt, hatte gesagt, wird sagen)

vorher (Vorzeitigkeit zum Sprechzeitpunkt) → es habe dort gelegen. **Konjunktiv I   Perfekt**

gleichzeitig (Gleichzeitigkeit zum Sprechzeitpunkt) → es liege dort. **Konjunktiv I   Präsens**

nachher, später (Nachzeitigkeit zum Sprechzeitpunkt) → es werde dort liegen. **Konjunktiv I   Futur**

Das **Tempus des Nebensatzes** ist unabhängig von dem Tempus, in dem der übergeordnete Satz steht. Es bestimmt sich allein danach, ob **Vorzeitigkeit, Gleichzeitigkeit oder Nachzeitigkeit** zum übergeordneten Satz besteht.

Bezeichnung	Leistung	Beispiel
25 **Der Konjunktiv II** Will man die **Nichtwirklichkeit** eines nur gedachten, angenommenen Geschehens ausdrücken, so wählt man		
– für die Nichtwirklichkeit in der **Gegenwart (und Zukunft)** (vom Sprechzeitpunkt aus gesehen)	den **Konjunktiv II** **des Präsens**	Wenn er richtig *hinsähe*, dann *fiele* ihm die CD-Hülle sicherlich auf.
– für die Nichtwirklichkeit in der **Vergangenheit** (vom Sprechzeitpunkt aus gesehen)	den **Konjunktiv II** **des Perfekts**	Wenn er richtig *hingesehen hätte*, dann *wäre* ihm die CD-Hülle sicherlich *aufgefallen*.
Im **mündlichen** Sprachgebrauch	wird häufig die Umschreibung mit „würde" benutzt.	Dann *würde* ihm die CD-Hülle *auffallen*. Dann *würde* ihm die CD-Hülle *aufgefallen sein*.
Weitere Verwendungsweisen: Der Konjunktiv II wird auch außerhalb von Wenn-dann-Gefügen verwendet:		
– im **irrealen Aussagesatz**	Nichtwirklichkeit	Shyama *hätte* das anders *gemacht*. (Aber sie ist nicht hier.) Frank *würde* das anders *machen*. (Aber er ist nicht hier.)
– beim **irrealen Wunsch**	Nichtwirklichkeit	Wenn doch bloß schon Mittwoch *wäre*! (Aber es ist erst Montag.) Ina wünscht sich, dass ihre Freundin schon da *wäre*. (Aber sie ist noch verreist.)
– beim **höflichen Wunsch**		Ich *hätte* gerne ein Glas Milch.
– bei der **höflichen Aussage**		Ich *würde* Ihnen dieses *empfehlen*.
– bei der **höflichen Frage**		*Hättest* du Lust dazu? *Würdest* du mir bitte die Butter *herübergeben*?
– bei der **zweifelnden Frage**.		*Hätte* er so etwas tatsächlich *tun können*?

26   Die Formen des Konjunktivs I

Ersatzformen für Konjunktiv I:

In manchen Personalformen lautet der Konjunktiv I mit dem Indikativ Präsens gleich; er wäre deshalb nicht zu unterscheiden. In diesen Fällen verwendet man den **Konjunktiv II anstelle des Konjunktivs I**.

Zwar:
Sie behauptet, er *komme* zu spät. (Konj. I)
Sie behauptet, das Geschenk *liege* darunter. (Konj. I)

Aber:
Sie behauptet, wir *kämen* zu spät. (Konj. II als Ersatzform)
(statt: Sie behauptet, wir *kommen* zu spät)
Sie behauptet, die Geschenke *lägen* darunter. (Konj. II als Ersatzform)
(statt: Sie behauptet, die Geschenke *liegen* darunter.)

Formentabelle des Konjunktivs I
Die Ersatzformen sind schräg gedruckt.

Tempus	Numerus	Person	geben	laufen	sein
Präsens	Singular	1.	ich *gäbe*	ich *liefe*	ich sei
		2.	du gebest	du laufest	du seiest
		3.	er gebe	er laufe	er sei
	Plural	1.	wir *gäben*	wir *liefen*	wir seien
		2.	ihr gebet	ihr laufet	ihr seiet
		3.	sie *gäben*	sie *liefen*	sie seien
Perfekt	Singular	1.	ich *hätte* gegeben	ich sei gelaufen	ich sei gewesen
		2.	du habest gegeben	du seiest gelaufen	du seiest gewesen
		3.	er habe gegeben	er sei gelaufen	er sei gewesen
	Plural	1.	wir *hätten* gegeben	wir seien gelaufen	wir seien gewesen
		2.	ihr habet gegeben	ihr seiet gelaufen	ihr seiet gewesen
		3.	sie *hätten* gegeben	sie seien gelaufen	sie seien gewesen
Futur	Singular	1.	ich *würde* geben	ich *würde* laufen	ich *würde* sein
		2.	du werdest geben	du werdest laufen	du werdest sein
		3.	er werde geben	er werde laufen	er werde sein
	Plural	1.	wir *würden* geben	wir *würden* laufen	wir *würden* sein
		2.	ihr *würdet* geben	ihr *würdet* laufen	ihr *würdet* sein
		3.	sie *würden* geben	sie *würden* laufen	sie *würden* sein

Bezeichnung	Beispiel

Die Formen des Konjunktivs II

Ersatzformen für Konjunktiv II:

In manchen Personalformen lautet der Konj. II gleich mit dem Indikativ Präteritum; er wäre daher zu verwechseln. In diesen Fällen verwendet man die **Umschreibungsform anstelle des Konjunktivs II.**

Petras Bruder *würde* auf keinen Fall *umkehren*.
(statt: Petras Bruder *kehrte* auf keinen Fall *um*.)

(Schwache Verben bilden keine unterscheidbaren Formen für den Konj. II und nicht alle starken Verben bilden für **alle** grammatischen Personen unterscheidbare Formen.)

Formentabelle des Konjunktivs II

Die Umschreibungsformen sind schräg gedruckt.

Tempus	Numerus	Person	geben	laufen	sein
Präsens	Singular	1.	ich gäbe	ich liefe	ich wäre
		2.	du gäbest	du liefest	du wärest
		3.	er gäbe	er liefe	er wäre
	Plural	1.	wir gäben	wir *würden laufen*	wir wären
		2.	ihr gäbet	ihr liefet	ihr wäret
		3.	sie gäben	sie *würden laufen*	sie wären
Perfekt	Singular	1.	ich hätte gegeben	ich wäre gelaufen	ich wäre gewesen
		2.	du hättest gegeben	du wärest gelaufen	du wärest gewesen
		3.	er hätte gegeben	er wäre gelaufen	er wäre gewesen
	Plural	1.	wir hätten gegeben	wir wären gelaufen	wir wären gewesen
		2.	ihr hättet gegeben	ihr wäret gelaufen	ihr wäret gewesen
		3.	sie hätten gegeben	sie wären gelaufen	sie wären gewesen
Futur	Singular	1.	ich würde geben	ich würde laufen	ich würde sein
		2.	du würdest geben	du würdest laufen	du würdest sein
		3.	er würde geben	er würde laufen	er würde sein
	Plural	1.	wir würden geben	wir würden laufen	wir würden sein
		2.	ihr würdet geben	ihr würdet laufen	ihr würdet sein
		3.	sie würden geben	sie würden laufen	sie würden sein

Satzglieder

Bezeichnung	Leistung	Beispiel

28 | **Was ist ein Satzglied?**
Wörter und
Wortgruppen, | die sich bei einer Umstellprobe verschieben lassen, sind ein Satzglied. |
Ein Satzglied | kann *aus mehreren Wörtern* bestehen. | ein bunter Ball

Hilfe für das Erkennen der Satzglieder

Die Satzglieder eines Satzes lassen sich durch die **Umstellprobe** herausfinden.

Mein Großvater	schenkt	meinem kleinen Bruder	einen bunten Ball.
Einen bunten Ball	schenkt	mein Großvater	meinem kleinen Bruder.
Meinem kleinen Bruder	schenkt	mein Großvater	einen bunten Ball.

29 | **Die häufigsten Satzglieder**

Prädikat	Verb des Satzes	schenkt
Subjekt	Substantiv (Nomen)	mein Großvater
Objekte	oder Pronomen	er
Dativobjekt		meinem kleinen Bruder
Akkusativobjekt		einen bunten Ball

wer?	tut	wem?	was? wen?
Mein Großvater	schenkt	meinem kleinen Bruder	einen bunten Ball
Subjekt	**Prädikat**	**Dativobjekt**	**Akkusativobjekt**

Mehrgliedriges Prädikat

a) Verbauftrennung im Satz (vgl. Nr. 2)	in den Personalformen wird der Verbzusatz vom Grundwort getrennt	anrufen → Großmutter *rief* bei uns *an*.
b) Personalform + infinite Form(en) (vgl. Nr. 15)	Personalform hier: hat, sind, konnte	Großmutter *hat* bei uns *angerufen*. Wir *sind* von Großmutter *angerufen worden*. Klaus *konnte* sie nicht *verstehen*.
Genitivobjekt	äußerst selten, nur bei wenigen Verben	z. B. bedürfen, sich bemächtigen, ermangeln, gedenken, sich rühmen
	Frage: wessen + Verb des Prädikats	Er gedachte *seines verstorbenen Freundes*.

Bezeichnung	Leistung	Beispiel
30 **Das Adverbiale** (Plural: Die Adverbialien)	Umstandsbestimmung	
Verwendung	das Adverbiale besagt, – unter welchen Umständen (vor allem Zeit, Ort, Grund, vgl. unten) oder	*Gestern* kam die Sendung an. Das Paket lag *auf dem Tisch*. Gianna fing *vor Freude* an zu hüpfen.
	– in welcher Art und Weise	*Aufgeregt* riefen ihre Freundinnen an. Er spülte den Teller *sorgfältig* ab.
	das Geschehen vor sich geht.	
Erscheinungsformen	Substantiv (Nomen) + Präposition	vor Freude, auf dem Tisch
	Adverb	gestern
	Adjektiv	aufgeregt, sorgfältig
Als Umstände und Arten lassen sich im Einzelnen unterscheiden:		
– Zeit	wann? wie lange? usw.	*gestern* (s. oben)
– Ort	wo? bei wem? usw.	*auf dem Tisch* (s. oben)
– Richtung	wohin? woher?	Sie sah *nach vorne*.
– Grund	warum? weshalb? usw.	*vor Freude* (s. oben)
– Mittel	womit? wodurch?	Sie öffnete das Paket *mit einem Messer*.
– Zweck	wozu? zu welchem Zweck?	Wir fuhren *zur Erholung* an die See.
– Bedingung	unter welcher Bedingung oder Voraussetzung?	*Bei Sonnenschein* lagen wir am Strand.
– Folge	mit welcher Wirkung?	Die Tür quietscht *zum Davonlaufen*.
– Einräumung (wirkungsloser Gegengrund)	trotz wessen?	*Trotz des Regens* gingen wir nach draußen. Es regnete; *trotzdem* gingen wir nach draußen.
– Verneinung	ja oder nein?	Wir gingen *nicht* nach draußen.
– Ausmaß, Grad	wie sehr, wie viel?	Ich freute mich *sehr* darüber.
– Art und Weise	wie? auf welche Weise? mit wem? womit? ohne wen (was)?	*aufgeregt, sorgfältig* (s. oben)

Bezeichnung	Leistung	Beispiel
31 Das präpositionale Objekt Wörter und Wortfolgen von der gleichen Erscheinungsform wie die Adverbialien	lassen sich aber nicht als Aussagen zu Zeit, Raum, Grund, Art usw. verstehen	Du kannst dich gewiss noch *an den Englischlehrer* erinnern. Man kann ruhig *darüber* sprechen. Uta wartet *auf sie*.
32 Das Prädikativ Verwendung	„Gleichsetzungsnominativ", „Artergänzung", Prädikatsnomen	Jenö war *mein Freund*.
Erscheinungsformen	– Substantiv (Nomen) im Nominativ	Max wird *Bäcker*.
	– Adjektiv Das Satzglied Prädikativ kommt nur im Zusammenhang mit wenigen Verben vor: sein, bleiben, werden.	Stefanie bleibt *freundlich*.
33 Das Attribut	**Satzgliedteil:** Attribute sind nicht eigene Satzglieder, sondern Teile von Satzgliedern.	Der *aufmerksame* Junge *aus Münster* hatte sich die Farbe *des Wagens* gemerkt. Die Leute waren *sehr* böse auf Till.
Verwendung	Durch Attribute kann der Bedeutungsinhalt von Wörtern innerhalb eines Satzgliedes – eindeutiger bestimmt oder – erweitert werden.	der Junge *aus Münster* die Farbe *des Wagens* der *aufmerksame* Junge
Erscheinungsformen	Als Attribute kommen vor allem sechs Arten von Ausdrücken vor: – Substantiv (Nomen) im Genitiv	Der Hut *des Mädchens* war gelb.
	– Adjektiv	Der *hinterhältige* Gangster lugte um die Ecke.
	– Adverb	Das Haus *drüben* hat noch Sonne.
	– Präpositionalausdruck	Das Mädchen *mit dem Hut* pfiff laut.
	– Substantiv (Nomen) im gleichen Fall (Apposition)	Er vermachte dem Kundschafter Teddy Triefauge, *seinem einzigen Freund*, den schweren Colt.

Bezeichnung	Leistung	Beispiel
	– Substantiv (Nomen) (oder substantiviertes Wort) im gleichen Fall mit *als*	Claudia *als Erste* im Ziel riss vor Freude die Arme hoch.
Hilfe	zur Unterscheidung vom Adverbiale: Bei der Umstellprobe bewegt sich das **Attribut** zusammen mit dem Wort, dessen Bedeutungsinhalt es näher bestimmt bzw. erweitert.	Das Mädchen *mit dem Hut* / schrieb / heimlich / die Autonummer / auf. Heimlich / schrieb / das Mädchen *mit dem Hut* / die Autonummer / auf.
Possessivpronomen und Demonstrativpronomen	werden **nicht** als Attribute aufgefasst, **sondern** als enge **Begleiter** zum Substantiv (Nomen) gerechnet	*Mein* Geschenk liegt auf dem Tisch. Über *diese* CD freue ich mich besonders.
Hilfe	für das Bestimmen der Satzglieder: Frage immer mit der **Kasusfrage + Verb**, andernfalls geraten Objekte und Attribute durcheinander.	Carlo hielt die Schnur des Drachens. nicht: Wen oder was? sondern: Wen oder was *hielt Carlo*?

34

Syntax

Hauptsatz und Nebensatz

35	Till merkte sofort,	dass	der Meister jetzt das Haus	verließ.
	Hauptsatz		Nebensatz	
		Kon-junk-tion oder Relativ-pronomen oder Adverb		Personalform des Verbs

vgl. Nr. 40

Im Nebensatz steht die **Personalform des Verbs** fast immer **am Satzende.**

In den letzten Jahren hat die Bezeichnung „Nebensatz" die Bezeichnung „Gliedsatz" mehr und mehr verdrängt. Unter **Gliedsätzen** werden jetzt zumeist nur solche Nebensätze verstanden, welche die Rolle eines Satzgliedes ausfüllen (d. h. Adverbiale, Subjekt, Objekt, nicht: Attribut).

Der Hauptsatz

36 Die Arten des Hauptsatzes (die Satzarten)

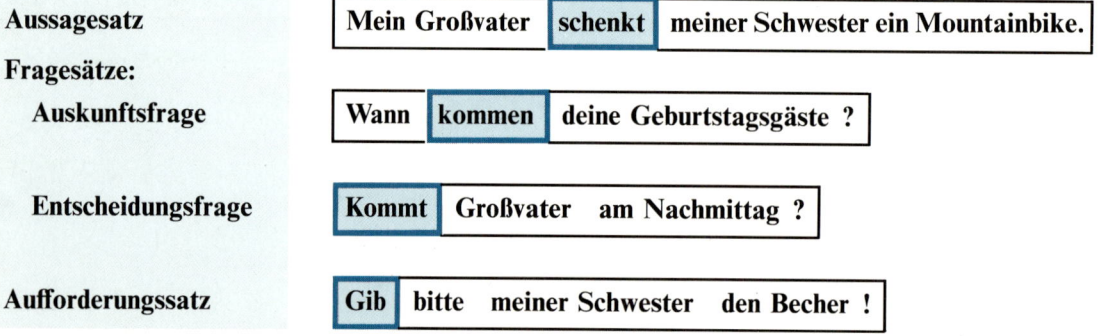

Aussagesatz

Mein Großvater | schenkt | meiner Schwester ein Mountainbike.

Fragesätze:

Auskunftsfrage

Wann | kommen | deine Geburtstagsgäste ?

Entscheidungsfrage

Kommt | Großvater am Nachmittag ?

Aufforderungssatz

Gib | bitte meiner Schwester den Becher !

37 Zweitstellung der Personalform

Im Aussagesatz ist die Personalform des Verbs normalerweise das 2. Satzglied.	**typisch für die deutsche Sprache!**	Mein Großvater / *schenkt* / meiner Schwester / ein Mountainbike.

1. Satzglied	Personalform des Verbs	beliebig viele weitere Satzglieder

Till	/	ärgerte	/	in jeder Stadt / einen Handwerksmeister / durch ein absichtliches Missverständnis.

Konjunktionen	treten **ungezählt** vor das 1. Satzglied	*Aber* Till / ärgerte / in jeder Stadt …

38 Klammerbau im Hauptsatz

a)
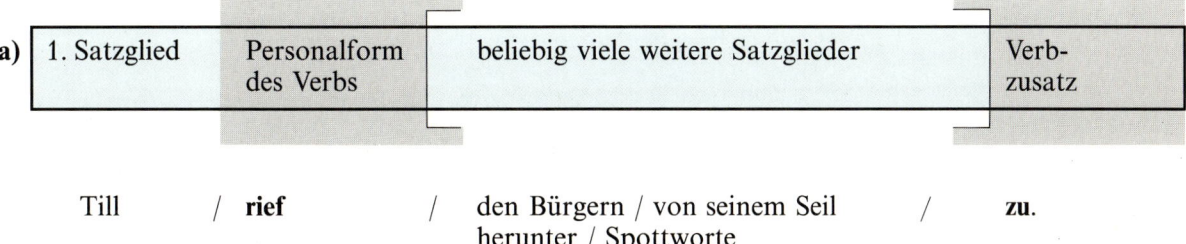

1. Satzglied	Personalform des Verbs	beliebig viele weitere Satzglieder	Verb-zusatz

Till	/	**rief**	/	den Bürgern / von seinem Seil herunter / Spottworte	/	**zu.**

Personalform und **Verbzusatz klammern** die weiteren Satzglieder **ein.**

b)
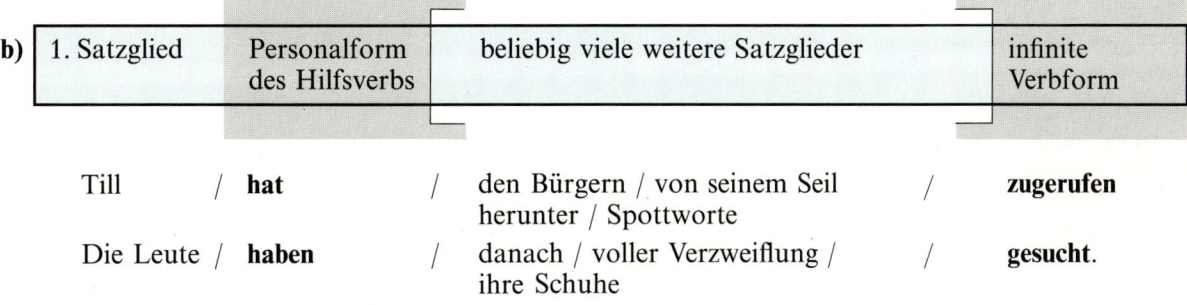

1. Satzglied	Personalform des Hilfsverbs	beliebig viele weitere Satzglieder	infinite Verbform

Till	/	**hat**	/	den Bürgern / von seinem Seil herunter / Spottworte	/	**zugerufen**
Die Leute	/	**haben**	/	danach / voller Verzweiflung / ihre Schuhe	/	**gesucht.**

Personalform und **infinite Form klammern** die weiteren Satzglieder **ein.**

39 Satzreihe: Hauptsatz und Hauptsatz

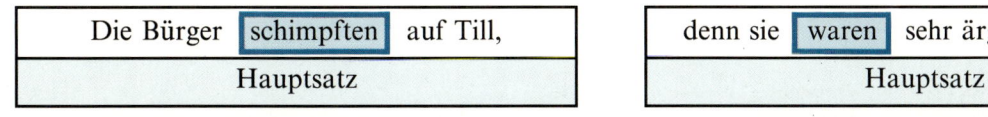

Die Bürger schimpften auf Till,	denn sie waren sehr ärgerlich auf ihn.
Hauptsatz	Hauptsatz

Das Auto fuhr vorbei(,)
Katharina wusste die Autonummer,

und Katharina sah genau hin. (vgl. Nr. 168.)
denn sie hatte gut aufgepasst.

Der Nebensatz

40 Satzgefüge: Hauptsatz und Nebensatz

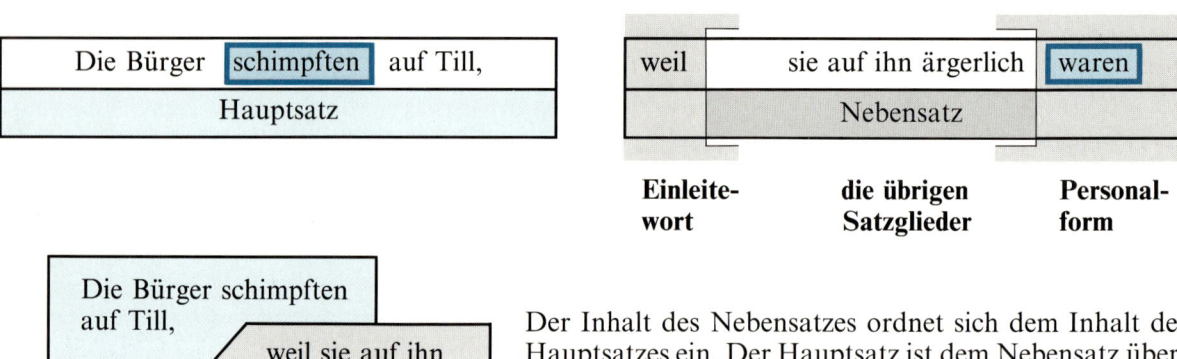

Die Bürger	schimpften	auf Till,
	Hauptsatz	

weil	sie auf ihn ärgerlich	waren
	Nebensatz	

Einleite-wort **die übrigen Satzglieder** **Personal-form**

Die Bürger schimpften auf Till,

weil sie auf ihn ärgerlich waren.

Der Inhalt des Nebensatzes ordnet sich dem Inhalt des Hauptsatzes ein. Der Hauptsatz ist dem Nebensatz übergeordnet; der Nebensatz ist untergeordnet. Beide zusammen bilden ein inhaltliches Ganzes.

Hilfe zur Unterscheidung:

Hauptsatz
Im Hauptsatz steht die **Personalform** des Verbs **an zweiter Stelle**.

Nebensatz
Im Nebensatz steht die **Personalform** des Verbs **am Satzende**, als hintere Satzklammer.

---

41 Klammerbau im Nebensatz

Normalerweise werden im Nebensatz durch **Einleitewort** und **Personalform des Verbs** die übrigen Satzglieder **eingeklammert**.

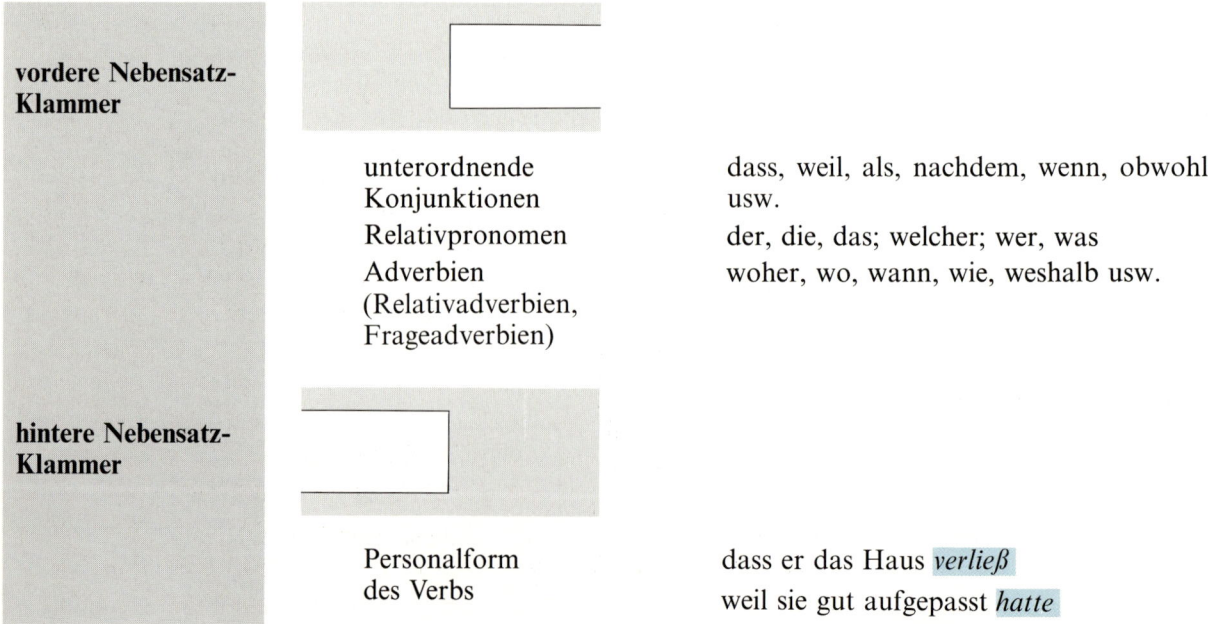

vordere Nebensatz-Klammer

unterordnende Konjunktionen	dass, weil, als, nachdem, wenn, obwohl usw.
Relativpronomen	der, die, das; welcher; wer, was
Adverbien (Relativadverbien, Frageadverbien)	woher, wo, wann, wie, weshalb usw.

hintere Nebensatz-Klammer

Personalform des Verbs	dass er das Haus *verließ*
	weil sie gut aufgepasst *hatte*

Bezeichnung	Leistung	Beispiel

42 Einteilung der Nebensätze

a) nach der Form

Bezeichnung	Leistung	Beispiel
Konjunktionalsatz	eingeleitet mit Konjunktion	*weil* wir verreisen
Relativsatz	eingeleitet mit	
	– Relativpronomen	(der Ball), *den* wir mitnehmen
	– Relativpronomen + Präposition	(der Zug), *mit dem* wir fahren müssen
	– Relativadverb	*wohin* wir fahren wollten
(satzwertige) Infinitivgruppe	satzwertige Wortgruppe mit Infinitiv	(lässt sich in einen Nebensatz umwandeln)
	– erweiterter Infinitiv mit „zu"	Sie beschloss(,) *erst auf der Insel einen Ball zu* kaufen. (vgl. Nr. 168)
	– Infinitiv mit „um zu", „ohne zu", „(an)statt zu"	*um zu* fragen.
(satzwertige) Partizipgruppe	satzwertiges Partizip	(lässt sich in einen Nebensatz umwandeln)
	– erweitertes Partizip I	*vor Freude* hüpfend (vgl. Nr. 168)
	– erweitertes Partizip II	*Vom Schwimmen ganz* erschöpft(,) torkelten wir aus der Halle. (vgl. Nr. 168)
Nebensatz ohne Einleitewort (vgl. Nr. 43)	meist in indirekter Rede	(Er glaubte), der Zug *habe* direkten Anschluss.
indirekter Fragesatz (vgl. Nr. 43)	lässt sich in einen direkten Fragesatz umwandeln: Kommst du schon morgen?	(Sie fragte,) *ob* er schon morgen *komme*.

b) nach der Stellung

Bezeichnung	Leistung	Beispiel
	steht	
Vordersatz	– vor dem	*Weil Katharina genau hingesehen hatte,* wusste sie die Nummer.
Zwischensatz	– in dem	Katharina wusste, *weil sie genau hingesehen hatte*, die Nummer.
Nachsatz	– nach dem	Katharina wusste die Nummer, *weil sie genau hingesehen hatte*.
	übergeordneten Satz	

c) nach der inhaltlichen Bedeutung

Bezeichnung	Leistung	Beispiel
Adverbialsätze	Nebensätze in der Rolle eines Adverbiale	Sie hüpfte, *weil sie sich freute*. (= Sie hüpfte *vor Freude*.)
Erscheinungsform:	Nebensatz, meist mit Konjunktion als Einleitewort	*weil* sie sich freute

Bezeichnung	Leistung	Beispiel
Art des Adverbialsatzes	macht eine Angabe über	
temporal	Zeit	*als* sie es merkten
konditional	Bedingung, Voraussetzung	*wenn (falls)* sie es merken
kausal	Grund, Ursache	*weil* es eine Überraschung war
final	Zweck, Absicht	*damit* sie sich freuen
konsekutiv	Folge, Wirkung	*sodass* sie lachen mussten (auch: *so dass*)
konzessiv	Einräumung, Zugeständnis	*obwohl* er es versteckt hatte
modal	Art und Weise	*indem* er es daruntergelegt hatte (Er lenkte sie dadurch ab,) *dass* er nach dem Saft fragte.
adversativ	Gegensatz	(Er suchte), *während* sie scharf beobachtete.
lokal	Ort	*Wo* vorhin das Packpapier lag, fand sie jetzt ein Schlüsselchen.
komparativ	Vergleichssatz	Er verhält sich so, *wie* es auch sein Bruder in dieser Lage getan hat.
Objektsätze	Nebensätze in der Rolle eines Objekts, meist Akkusativobjekts	(Er bedauerte, *dass er sich geirrt hatte.* (= Er bedauerte *seinen Irrtum.*)
Subjektsätze	Nebensätze in der Rolle eines Subjekts	*Dass du mir schreiben willst*, freut mich besonders. (= *Deine Absicht* freut mich besonders.) *Wer müde ist*, muss früh ins Bett. (= *Der Ermüdete* muss früh ins Bett.)
Attributsätze	Nebensätze in der Rolle eines Attributs	(… das Geschenk,) *das* wir versteckt hatten.
Erscheinungsform:	Nebensatz, meist mit Relativpronomen als Einleitewort	der, die, das; welcher; wer, was (vgl. Nr. 7d)

43 **Nebensätze mit besonderem Bauplan**

normaler Bauplan:
s. Nr. 40 und 41

indirekte Rede
(vgl. Nr. 42a)

Till behauptete, er sei ein Bäckergeselle.

Die Personalform des Verbs ist ein Konjunktiv I und steht als 2. Satzglied; der Nebensatz hat kein Einleitewort.

indirekter Fragesatz
(vgl. Nr. 42a)

Till fragte, *was er tun solle.*
Danach fragte er, *ob er jetzt anfangen solle.*

Einleiteworte: Fragepronomen, Frageadverb, Konjunktion (*ob*)

Indirekte Fragesätze lassen sich **in direkte Fragen umwandeln**:
→ Was soll ich tun? (Auskunftsfrage)
→ Soll ich jetzt anfangen? (Entscheidungsfrage)

Konditionalsatz ohne Einleitewort

Kommt er zurück, so ist er sicher sehr erstaunt.
Käme er zurück, so wäre er sicher sehr erstaunt.

Lassen sich umwandeln in Konditionalsätze mit Einleitewort:
→ *Wenn* er zurückkommt, ist er sicher sehr erstaunt.
→ *Wenn* er zurückkäme, so wäre er sicher sehr erstaunt.

Wortarten, Satzglieder, Satzarten

44 Ein Vergleich

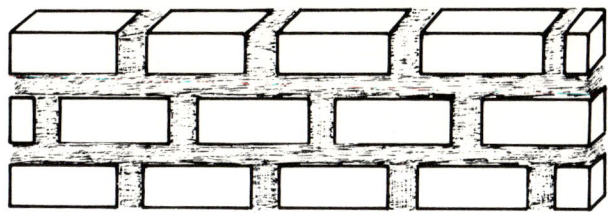

Ute ruft ihren Bruder.

	Eine gemauerte Wand lässt sich betrachten als:	Eine sprachliche Äußerung lässt sich betrachten als:

roter Ton Mörtel roter Ton Mörtel …	1. **Baustoffe**	1. **Wörter**
Stein Fuge Stein Fuge …	2. **Teile der Wand**	2. **Satzglieder**
Mauer	3. **Wand als ganze**	3. **Satz**

Ute	ruft	ihren	Bruder
Subst.	Verb	Poss. pron.	Subst.
Subj.	Präd.	Akk.obj.	
Hauptsatz			

---

45 Beispiele

	Meine	Schwester	hat	für	ihre	Fahrt	nach	Münster	eine	halbe	Stunde	gebraucht,
Wortarten:	Poss. pron.	Subst.	Verb →	Präp.	Poss. pron.	Subst.	Präp.	Subst.	Art.	Numerale	Subst.	← Verb
Satzglieder:	Subjekt		Präd. →	präpos. Objekt / Attribut					Akk.objekt / Attr.			←Präd.
Satzart:	Hauptsatz											

	denn	sie	hat	kräftig	in	die	Pedale	getreten.
	Konjunktion	Pers. pron.	Verb →	Adjektiv	Präp.	Art.	Subst.	← Verb
	(Satzverknüpfung)	Subj.	Präd. →	Adverbiale der Art und Weise	Adverbiale der Richtung			←Präd.
	Hauptsatz							

	Mein	Großvater	schenkt	meinem	kleinen	Bruder	einen	bunten	Ball.
Wort-arten:	Poss. pron.	Sub-stantiv	Verb	Poss. pron.	Adjektiv	Subst.	Artikel	Adj.	Subst.
Satz-glieder:	Subjekt		Prädikat		Dat.objekt / Attribut		Akk.objekt / Attribut		
Satzart:	Hauptsatz								

	Als	das	Gewitter	ausbrach,
Wort-arten:	Konj.	Art.	Subst.	Verb
Satz-glieder:	(Einleite-wort)	Subjekt		Prädikat
Satzart:	Nebensatz			

	war	sie	schon	im	Gebäude;
Wort-arten:	Verb	Pers. pron.	Adverb	Präp.	Subst.
Satz-glieder:	Prädik.	Subj.	Adverbiale der Zeit	Adverbiale des Ortes	
Satzart:	Hauptsatz				

	sie	blieb	daher	trocken.
Wort-arten:	Pers. pron.	Verb	Adverb	Adjektiv
Satz-glieder:	Subj.	Prädikat	Adverbiale des Grundes	Prädikativ
Satzart:	Hauptsatz			

	Gabis	Bruder,
Wort-arten:	Subst.	Subst.
Satz-glieder:	Subjekt / Attr.	
Satzart:	Haupt- →	

	der	mit	der	Bahn	nach	Osnabrück	gefahren war,
Wort-arten:	Rel. pron.	Präp.	Art.	Subst.	Präp.	Subst.	Verb
Satz-glieder:	Subj.	Adverbiale des Mittels			Adverbiale der Richtung		Prädikat
Satzart:	Nebensatz						

	suchte	eine	Telefonzelle (,)
Wort-arten:	Verb	Art.	Substantiv
Satz-glieder:	Präd.	Akk.obj.	
Satzart:	← -satz		

	um	nach	Hause	zu	telefonieren.
Wort-arten:	Konj.	Präp.	Subst.	Konj.	Verb
Satz-glieder:	(Einleite-wort)	Adverbiale der Richtung		Infinitiv mit „zu" Prädikat	
Satzart:	Infinitivgruppe				

Rechtschreibung

Rechtschreibhilfen

46 | **Rechtschreibhilfe I (Ableiten):**
Wenn man im Zweifel über die richtige Schreibweise ist, hilft oft die Frage, von welchem Stammwort das Wort abgeleitet ist.

Problem	Ableitung		
ä/e	*Ä*rmel	<	*A*rm (Stammwort suchen)
	H*ä*nde	<	H*a*nd (Singular bilden)
äu/eu	K*äu*fer	<	K*au*f (Stammwort suchen)
h?	Na*h*t	<	nä*h*en
ff/f	ö*ff*nen	<	o*ff*en
pf/f	*Pf*örtner	<	*Pf*orte

Wenn man nicht genau weiß, wie man einen Laut im Wortinneren einer **Verbform** schreiben soll, hilft oft die Schreibung des **Infinitivs** (Grundform, Nennform).

Problem	Personalform		Infinitiv
b/p	er glau*b*t	<	glau*b*en
	es pie*p*t	<	pie*p*en
g/k	sie sin*g*t	<	sin*g*en
	sie sin*k*t	<	sin*k*en
s/ß	er rei*ß*t	<	rei*ß*en
	sie rei*s*t	<	rei*s*en
h?	getan	<	tun (*ohne* h)
	sie ge*h*t	<	ge*h*en
	sie sa*h*	<	se*h*en
	sie sie*h*t	<	se*h*en

> Wenn im Infinitiv eines Verbs ein **Dehnungs-h** geschrieben wird, so wird es auch in allen Verbformen, in denen ein langer Vokal oder ein Diphthong vorkommt, verwendet. – Wird es nicht im Infinitiv verwendet, so tritt das Dehnungs-h auch in keiner Verbform auf.

47 | **Rechtschreibhilfe II (Verlängern):**
Wenn man nicht genau weiß, wie der Endlaut geschrieben wird, so verlängert man das Wort.
(bei Substantiven [Nomen] vor allem: Plural oder Genitiv bilden, bei Adjektiven: zusammen mit einem Substantiv aufschreiben oder steigern oder Plural oder Genitiv bilden)

Problem			Verlängerung
b/p	gel*b*	→	die gel*b*en Blüten
	Stau*b*	→	stau*b*ig, im Stau*b*e, des Stau*b*es
	Lum*p*	→	Lum*p*en
d/t	Ra*d*	→	Rä*d*er
	Staa*t*	→	Staa*t*en
g/k	Klan*g*	→	Klän*g*e
	Schran*k*	→	Schrän*k*e
g/k/ch	Ta*g*	→	Ta*g*e
	lusti*g*	→	der lusti*g*e Einfall
	Tei*ch*	→	Tei*ch*e
	Tei*g*	→	tei*g*ig
	ähnli*ch*	→	ähnli*ch*er

Lange und kurze Vokale: Übersicht

Vokal

betont

lang

- **ohne Kennzeichnung (Normalfall)**
  - a Tat
  - e dem
  - o Tor
  - u klug
  - i bei *i*
  - die Ausnahme: mir usw.

- **mit Kennzeichnung**
  - **Dehnungs-h**
    - ah wahr
    - eh sehr
    - ih ihr
    - oh Sohn
    - uh Uhr
  - **Dehnungs-e**
    - (nur bei i:)
    - ie Tier
    - iehes zieht
  - **Vokaldoppelung**
    - aa Paar
    - ee See
    - oo Moos (nicht bei *i* und nicht bei *u*)

kurz

- **ohne Kennzeichnung**
  - am
  - es
  - im
  - ob
  - um
  - (**nur in Kurzwörtern**)

- **mit Kennzeichnung (Normalfall)**
  - **Konsonantendoppelung**
    - a er kann
    - e wenn
    - i Sinn
    - o Sonne
    - u Bulle
  - **Konsonantenhäufung**
    - **ohne Verdoppelung**
      - a Band
      - e Hemd
      - i sind
      - o Wort
      - u bunt
    - **mit Verdoppelung**
      - a er kannte
      - e sie kennt
      - i schwimmt
      - o du sollst
      - u du musst

unbetont

- **normalerweise kurz; keine Kennzeichnung**
  - a Kamél
  - e ságen
  - i hineín
  - o voraús
  - u unéndlich

Lange Vokale

a – ah – aa; ä

49	Ein **langes a** wird in der Schrift wiedergegeben	
	– zumeist durch **a (ohne besondere Kennzeichnung)**	Rat, Tat, Ware, Plan, einmal, Faden, Kranich, Kran, Bar, bar, Reklame, Dame usw. usw.
	– manchmal **mit Dehnungs-h: ah**	Zahl, Rahm, Hahn, wahr, Draht, nah usw. vgl. Nr. 51
	– nur ausnahmsweise durch **Buchstabenverdoppelung: aa.**	Saal, Staat, Saat, das Paar, ein paar, paarig, Paarzeher, Aal
50	Die Nachsilben **-bar**, **-sam**, **-sal** werden ohne Dehnungs-h geschrieben.	brauchbar, essbar; sparsam, mühsam; Schicksal, Mühsal

51	Das **Dehnungs-h** steht oft **vor l, m, n, r.**	kahl, Mittagsmahl, mahlen, Pfahl, prahlen, er stahl, Stahl, Strahl, die Wahl, Zahl; Einnahme, lahm, Rahmen, zahm, nachahmen; Ahnung, Bahn, ermahnen, Fahne, Hahn, Kahn, Sahne, Wahn, Zahn; aufbewahren, Erfahrung, fahren, Gefahr, Jahr, Nahrung, wahr, Wahrheit usw.;
	Dehnungs-h zwischen Vokalen: Ein Dehnungs-h wird auch dann verwendet, wenn auf einen betonten langen Vokal ein unbetonter kurzer Vokal folgt. Dieses h wird auch **Fugen-h** genannt, weil es die Silbenfuge kennzeichnet.	nahen (gesprochen: [na:ən]), nahe, deswegen: nah bejahen
	Ein Fugen-h bleibt **in allen Formen** des Wortes mit einem langen Vokal oder einem Diphthong und in der **ganzen Wortfamilie** erhalten; wichtig vor allem für Verbformen, z. B. ge*h*en → sie ge*h*t.	z. B. wir sa = *h*en, auch: Nä = *h*e. nah (< na*h*e) entsprechend: er sa*h* (< se*h*en), (vgl. Nr. 46), auch: ihr sa*h*t, er sie*h*t; aus diesem Grund auch: dre*h*en → Dra*h*t, nä*h*en → Na*h*t

52	**Unterscheidungsschreibung:** gleichklingende Wörter – verschiedene Schreibung – verschiedene Bedeutung	Wal (Tier) – Wahl Mal (das zweite Mal) – Mahl (Essen) malen (mit dem Pinsel) – mahlen (mit der Mühle) die Wagen (zum Fahren) – die Waagen (zum Abwägen) Name – Einnahme er war – wahr
	Wenn **Gleichklinger** (Homophone) **verschieden geschrieben** werden, lässt sich eine **Bedeutungsverschiedenheit** erkennen. Die gleich klingenden, aber verschieden geschriebenen Wörter haben verschiedene Wortinhalte. Die Unterschiedsschreibung wird auch „orthographische Dissimilation" und „**Heterographie**" genannt.	

53	Für **das lange ä** gelten die gleichen Regeln wie für das lange a;	erklären, nämlich, Träne, das Märchen, sägen, Bär erzählen, wählen, allmählich; erwähnen; ungefähr, Währung; spähen; zäh
	nur wird nie Doppel-ä geschrieben.	der Saal → die Säle das Paar → das Pärchen das Haar → das Härchen die Saat → säen
54	**Unterscheidungsschreibung** (vgl. Nr. 52)	Ähre (am Halm) – Ehre sie späht – es ist spät

e – eh – ee

55	Ein **langes e** wird in der Schrift wiedergegeben – zumeist durch **e (ohne besondere Kennzeichnung)** – manchmal mit **Dehnungs-h: eh** – nur ausnahmsweise durch **Buchstabenverdoppelung: ee**.	her, Herd, zuerst, Schere, Leder, Feder, legen, geben, leben usw. usw. Kehle, nehmen, Sehne, sehr; vgl. Nr. 56 Teer, Meer, See, Reederei, Schnee, Fee, Klee, Himbeere, Lorbeer, Geest, Beet, Seele, Tee, Kaffee, Idee, Allee, Armee, Heer, leer, Speer, Meerrettich, Moschee
56	Das **Dehnungs-h** steht – wie beim langen a – auch bei langem e oft vor l, m, n, r und zwischen betontem langen und unbetontem kurzen Vokal, manchmal aber auch an anderer Stelle (vgl. Nr. 51).	Kehle, Lehm, Sehne, mehr; gehen, sehen, flehen → sie geht, ihr seht, sie fleht Reh (< Re*he*)
57	**Unterscheidungsschreibung** (vgl. Nr. 52)	leeren – lehren Meer – mehr Reederei – Rederei (Gerede) seelisch (die Seele betreffend) – selig (glücklich, im Besitz der ewigen Glückseligkeit) (vgl. Nr. 116)

ie – i – ih – ieh

| 58 | Ein **langes i** wird in der Schrift wiedergegeben
– zumeist **mit Dehnungs-e: ie** | Biene, Bier, Fieber, Liebe, Klavier, ausgiebig, Zierde, verzieren, verlieren, Energie, Lotterie, Melodie, usw. usw.
die Verben (Zeitwörter) mit dem Infinitiv (Grundform, Nennform), auf *-ieren:* diskutieren, gratulieren, notieren usw.
das Präteritum (Vergangenheitsform) vieler Verben: sie lief, sie schliefen, wir riefen usw.
beachte: das Knie, die Knie (Plural), auf den Knien, die Melodien; sie schrien |

– in wenigen Fällen durch **i (ohne besondere Kennzeichnung)**	dir, mir, wir, erwidern, Widerruf, Igel; du gibst, sie gibt usw.; in Fremdwörtern verschiedener Herkunft: Kilo, Liter, Krise, Bibel; Maschine, Turbine, Musik, Passiv, Dativ, Infinitiv	
– in noch selteneren Fällen **mit Dehnungs-h: ih**	ihr, ihm, ihn, ihnen	
– nur ausnahmsweise **mit dem Längenzeichen -eh: ieh**	Vieh, befiehlt, geschieht, sieht, flieht, fliehen, ziehen, wiehern	

59	**Unterscheidungsschreibung** (vgl. Nr. 52)	Lied (Gesang) Miene (im Gesicht) Stiel (Stock) wieder (noch einmal) Fieber	– Lid (Augenlid) – Mine (im Bergwerk, Kupfermine) – Stil (Form, Art) – wider (gegen) – Fiber (Faser)

o – oh – oo; ö

60	Ein **langes o** wird in der Schrift wiedergegeben	
	– zumeist durch **o (ohne besondere Kennzeichnung)**	holen, Ton, Dom, Thron, Krone, Kanone, Pol, Tor, er fror usw. usw.
	– manchmal **mit Dehnungs-h: oh** (Für die Verwendung des Dehnungs-h gelten die gleichen Grundsätze wie beim langen a; vgl. Nr. 51).	hohl, johlen, Kohl, Sohle, wohl, ohne, Bohne, Drohne, Hohn, Lohn, Mohn, Sohn, wohnen, Ohr, Rohr; froh, roh, Rohheit
	– nur ausnahmsweise durch **Buchstabenverdoppelung: oo.**	Boot, Moor, Moos, Zoo

61	**Unterscheidungsschreibung** (vgl. Nr. 52)	der Bote Sole (salzhaltiges Wasser)	– die Boote – Sohle (unter dem Schuh)

62	Für **das lange ö** gelten die gleichen Regeln wie für das lange o; allerdings wird nie Doppel-ö geschrieben.	strömen, lösen, vergrößern, Töne, hören, Öl, Öse; versöhnen, stöhnen, Möhre, das Nadelöhr; Föhn (in allen Bedeutungen, auch: ,Haartrockner')

63	Ein **langes u** wird in der Schrift wiedergegeben – zumeist durch **u (ohne besondere Kennzeichnung)**	Glut, Hut, Buch, Buche, Tuch, Fluch, Pflug, Spule, Blut, Musik, Blume, Kuchen, zu, suchen usw. usw.
	– manchmal **mit Dehnungs-h: uh.** (Für die Verwendung des Dehnungs-h gelten die gleichen Grundsätze wie beim langen a; vgl. Nr. 51).	Stuhl, Ruhm, Huhn, Uhr; Kuh, Ruhe, Schuh; er ruhte
64	**Die Vorsilbe ur-** und die **Nachsilbe -tum** werden ohne Dehnungs-h geschrieben	Urzeiten, Urwald, Urlaub, uralt; Irrtum, Bürgertum, Bauerntum, Heldentum, Menschentum
65	Unterscheidungsschreibung (vgl. Nr. 52)	Uhrzeit (wie spät es ist) – Urzeit (Vorzeit)
66	Für **das lange ü** gelten die gleichen Regeln wie für das lange u.	Blüte, brüten, grün, grünen, hüten, spülen, schwül fühlen, Gestühl, kühl, Bühne; blühen, sprühen
67	Unterscheidungsschreibung (vgl. Nr. 52)	die Blüte – die Rose blühte

Diphthonge (Zwielaute): au; ei – ai; eu – äu

68	In der deutschen Rechtschreibung gibt es fünf Schreibungen für Diphthonge: – **au** – **ei** und **ai** – **eu** und **äu.** Alle Diphthonge sind **lange Vokale.**	Maus Reis; Mais heute; Häute
69	**ei** und **ai** klingen in der deutschen Standard-Aussprache vollkommen gleich. Es gibt keine Denkregel dafür, weshalb für ein Wort in der Rechtschreibung das eine oder das andere Zwielaut-Zeichen genommen werden muss.	Die **Schreibung mit ei** ist der normale Fall. dein, Seife, Eifer, seit usw. usw. Die Zahl der **Wörter mit ai** ist gering. Mais, Saite (im Musikinstrument), Waise (elternloses Kind), Laich (Fischeier), Laie, Kaiser, Mai außerdem: Maid, Hai, Brotlaib, Hain (Wäldchen), Rain (Ackergrund)
70	Unterscheidungsschreibung (vgl. Nr. 52)	Waise (elternloses Kind) – Weise (Art und Weise; Melodie) Saite (im Musikinstrument) – Seite (im Buch; rechte und linke Seite) Laib (Brot) – Leib (Körper)

71 **eu** und **äu** klingen in der deutschen Standard-Aussprache vollkommen gleich. Ob ein Wort mit **äu** geschrieben wird, kann man meistens mit Hilfe der **Ableitungsfrage** feststellen (vgl. Nr. 46).	Räuber < Raub Mäuse < Maus Bräutigam < Braut Gebäude < bauen räuchern < Rauch Gehäuse < Haus träumen < Traum säubern < sauber täuschen < Tausch Säure < sauer läuten < laut Säugling < saugen einzäunen < Zaun auch: gläubig < glauben Gräuel < Grauen häufig < Haufen **ohne regelhafte Herleitung:** Säule, sich sträuben, Knäuel, räuspern
72 **Unterscheidungsschreibung** (vgl. Nr. 52)	heute – Häute (< Haut)

Kurze Vokale

73 **Schreibung des kurzen e/ä-Lautes:** Die Buchstaben **e** und **ä** geben denselben kurzen Laut in der Schrift wieder: das kurze [ɛ]. Anders als beim langen e und langen ä kann man also beim Kurzvokal keinen Unterschied zwischen e und ä hören.	*E*ndung, verg*e*lten; *Ä*rger, K*ä*lte ebenso ohne einen hörbaren Unterschied: *E*ltern – *ä*ltere Mitbürger
Für den kurzen [ɛ]**-Laut** schreibt man dann den **Buchstaben ä**, wenn es eine **Grundform** (Stammwort) mit **a** gibt.	K*ä*lte < k*a*lt H*ä*lse < H*a*ls B*ä*nder < B*a*nd auch: beh*ä*nde < H*a*nd überschw*ä*nglich < Überschw*a*ng (< schwingen)
Außerdem schreibt man ä in den nebenstehenden Wörtern.	März, Lärm, Geländer, dämmern, Schärpe
74 Es gibt auch Wörter mit **zwei möglichen Schreibungen.**	Schenke < ausschenken Schänke < Ausschank aufwendig < aufwenden aufwändig < Aufwand
75 **Unterscheidungsschreibung** (vgl. Nr. 52)	Lerche (Vogel) – Lärche (Nadelbaum)
76 **Konsonantendoppelung:** Ein betonter Vokal kann kurz oder lang sein. Die Kürze eines betonten Vokals wird in der Schrift in der Regel durch die **Verdoppelung des nachfolgenden Konsonantenbuchstabens** gekennzeichnet. (Über die häufigste **Einschränkung** dieser Regel vgl. Nr. 82. Über den unbetonten kurzen Vokal vgl. Nr. 80.)	A*ff*e, Ba*ll*, Ha*mm*er, Bagger, pa*dd*eln, sa*tt*, sta*tt*, na*ss* (vgl. Nr. 77); He*rr*, E*gg*e, E*bb*e, aktue*ll*; Ki*nn*, schli*mm*; to*ll*, Mo*ll*; Nu*ll*, Ku*ss*, Ku*mm*er, Nu*mm*er; Geplä*rr*; kö*nn*en; dü*rr*; da*ss*; da*nn*, wa*nn* – de*nn*, we*nn* Konsonantenverdoppelung auch bei folgenden Wörtern: das A*ss*; Karame*ll*, der Me*ss*ner; Ste*pp*decke; Ti*pp*; Tollpatsch, der Mo*pp*; nu*mm*erieren

77 Nach betontem **kurzem** Vokal wird auch der Buchstabe s verdoppelt: **ss**. Das Zeichen ß wird in diesen Fällen nicht geschrieben, auch nicht im Silbenauslaut (vgl. Nr. 100 und 103).	na*ss*, Fa*ss*, Ha*ss*, verge*ss*lich, er bi*ss*, es go*ss*, das Schlo*ss*, der Gu*ss*; ein bi*ss*chen, er lä*ss*t; Ma*ss*e, na*ss*e Tücher, we*ss*en
78 Für die Verdoppelung ist es gleichgültig, ob das Wort einsilbig ist oder zweisilbig (bzw. mehrsilbig). Beim **Sprechen** wird der durch den Doppelbuchstaben wiedergegebene Konsonant (Laut) oft der nächsten Silbe (Sprechsilbe) zugeordnet. Dennoch ist der Doppelkonsonant ein Kürzezeichen.	Da*mm*, Ha*mm*el; Zusa*mm*enhang, zusa*mm*enhängen, Eri*nn*erung Himmel → [hí – məl] *mm* wegen des in „Hi*mm*el" dem m-Laut vorangehenden betonten kurzen i-Lautes
79 **Nicht verdoppelt** werden die Buchstaben (Schriftzeichen) **ch** und **sch** sowie **pf**. Die Buchstaben **k** und **z** werden normalerweise nicht verdoppelt geschrieben. Statt kk schreibt man **ck**, statt zz schreibt man **tz**; vgl. Nr. 94 und 111.	ko*ch*en, no*ch*, Sti*ch*; hu*sch*en, fri*sch*; Ku*pf*er, klo*pf*en di*ck*, Zu*ck*er; Pla*tz*, pla*tz*ieren, Pla*tz*ierung, Me*tz*ger
80 Ein **unbetonter Vokal** ist normalerweise kurz. Diese Kürze wird in der Schrift nicht gekennzeichnet.	Brúd*er*, rúf*en*, Kőn*ig*, lúst*ig*, édl*e* Hőlz*er*
81 In einigen Wörtern wird der Konsonantenbuchstabe verdoppelt, obwohl der vorausgehende kurze Vokal nicht betont ist: – Verlängerungen von Wörtern mit den **Wortendungen** ● **-in** ● **-nis** und **-is** ● **-as** und **-os** ● **-us** – Wörter, die auf ein **Grundwort** (Stammwort der **Wortfamilie)** mit Konsonantendoppelung zurückzuführen sind – einige Fremdwörter mit stimmlosem (scharfem) s-Laut im Inlaut – einige andere Fremdwörter	Fahrerin → Fahreri*nn*en Ergebnis → Ergebni*ss*e, Kürbis → Kürbi*ss*e Ananas → Anana*ss*e, Rhinozeros → Rhinozero*ss*e Omnibus → Omnibu*ss*e nu*mm*eríeren< Nu*mm*er; auch Nu*mm*erierung kontro*ll*íeren< Kontro*ll*e Fa*ss*ade, Ka*ss*ette, pa*ss*ieren, Reze*ss*ion, Mi*ss*ion, Posse*ss*ivpronomen, Disku*ss*ion A*ff*ekt, ak*k*urat, A*ll*ee, Ba*tt*erie, Di*ff*erenz, E*ff*ekt, I*ll*usion, kor*r*ekt, Lo*tt*erie, Mi*ll*ion, O*pp*osition, Porze*ll*an, ra*ff*iniert

82 Konsonantenhäufung (Einschränkung der Verdoppelungsregel): Die Verdoppelung des Konsonantenbuchstabens nach betontem kurzen Vokal (vgl. Nr. 76) **unterbleibt**, wenn auf den betonten kurzen Vokal **mehrere Konsonanten** (z. B. -lf, -lt, -md, -nd, -rt usw.) **folgen**; Beispiel: **Hilfe**. Viele nennen eine solche Folge von Konsonanten eine Konsonantenhäufung und oft wird als Merksatz formuliert: keine Konsonantenverdoppelung innerhalb einer Konsonantenhäufung!	Kla*ng*, ba*ld*, insgesa*mt*, Bra*nd*, Pa*kt*, abstra*kt*, kompa*kt*, Ta*kt*, Fa*kt*or, fa*kt*isch, pra*kt*isch; He*md*, He*rz*, Fe*ld*, ele*kt*risch, me*lk*en, Dire*kt*or, Inspe*kt*or, Inse*kt*, Proje*kt*, korre*kt*, Perspe*kt*ive, Respe*kt*, Ne*lk*e, Kle*mp*ner; Ki*nd*, Zi*mt*; Ko*rb*, fo*rt*, Spo*rt*, Do*kt*or; Bu*nd*, gesu*nd*, Produ*kt*; sä*mt*lich; Kö*rn*er; mü*rb*e
83 In drei Fällen kommt es dennoch zum **Nebeneinanderstehen von Konsonantendoppelung und -häufung**: – in **Verbformen** und Ableitungen daraus (vgl. im Einzelnen Nr. 84: Kombinationsregel) – in **flektierten (gebeugten) Formen** anderer Wortarten – in **zusammengesetzten Wörtern** als zufälliges Zusammentreffen.	ka*nn*te, geka*nn*t, (< ke*nn*en); beka*nn*t; die Beka*nn*ten; auch: die Erke*nn*tnis des Si*nn*s (< Sinn), die dü*nn*ste (Superlativ < dünn), der dü*mm*ste (< dumm) a*llg*emein, a*llm*ählich; Da*mm*bruch, Scha*llm*auer, Schna*pps*chuss, Fa*llb*etrachtung; E*llb*ogen, Ste*llw*and, Tre*ffp*unkt, He*mms*chwelle; Schwi*mm*becken, Mi*ttw*och, Ri*ttm*eister; Wo*llm*ütze, So*nnt*ag; Bru*mmb*är; auch: Scha*ltt*afel, Sa*ndd*orn
84 Die **Kombination von Konsonantendoppelung und -häufung** (d. h. eine Verdoppelung innerhalb einer Konsonantenhäufung) kommt vor – in **Personalformen des Verbs** (gebeugten Formen von Zeitwörtern), wenn der Infinitiv (Grundform, Nennform) Konsonantendoppelung aufweist – in **Partizipien** (ebenfalls: wenn der Infinitiv Konsonantendoppelung aufweist) – sowie in **Adjektiven**, die aus einem Verb mit einem Doppelkonsonanten **abgeleitet** sind, – und **Substantiven (Nomen)**, die aus solchen Adjektiven oder aus einem entsprechenden Partizip oder direkt aus dem Verb **abgeleitet** sind.	sie ka*nn*te < ke*nn*en sie schwi*mm*t < schwi*mm*en es bre*nn*t < bre*nn*en er gli*mm*t < gli*mm*en er ke*nn*t < ke*nn*en sie so*nn*t sich < sich so*nn*en du ke*nn*st (< So*nn*e) du ka*nn*st < können du so*ll*st < so*ll*en gespa*nn*t < spa*nn*en: z. B. wir sind gespa*nn*t geka*nn*t < ke*nn*en: ich habe ihn geka*nn*t beka*nn*t < ke*nn*en verbra*nn*tes Holz < bre*nn*en unsere Beka*nn*ten < beka*nn*t < ke*nn*en der Verba*nn*te < verba*nn*t < verba*nn*en Bra*nn*twein < gebra*nn*t < bre*nn*en Ke*nn*tnis < ke*nn*en

1. **Frage des oder der Schreibenden:** Ist der Vokal betont und kurz?

Grundregel:

bei betontem kurzem Vokal: den nachfolgenden Konsonanten **verdoppeln**
z. B. die Ka*nn*e, ke*nn*en

die Kanne

2. **Frage des oder der Schreibenden:** Folgt dem Vokal eine Konsonantenhäufung?

Einschränkungsregel:

folgt auf den kurzen betonten Vokal eine Konsonantenhäufung, dann **nicht verdoppeln**
z. B. die Ka*nt*e

die Kante

3. **Frage des oder der Schreibenden:** Ist das Wort
– eine Verbform
– oder aus einer Verbform abgeleitet?
– oder eine andere flektierte Form?

Einschränkung der Einschränkung:

verdoppeln innerhalb einer Konsonantenhäufung
– in Verbformen, deren Infinitiv Konsonantendoppelung enthält, z. B. sie ka*nnt*e (< ke*nn*en)
– speziell in Partizipien, z. B. geka*nnt*
– sowie in Adjektiven und Substantiven (Nomen), die daraus abgeleitet sind, z. B. beka*nnt*, Beka*nnt*er
– ferner in direkt aus dem Verb abgeleiteten Substantiven (Nomen), z. B. Ke*nnt*nis, Erke*nnt*nis
– und in anderen flektierten Formen, z. B. des Ki*nns*, dü*nns*te

sie kannte

gekannt
bekannt

die Erkenntnis
des Kinns/
dünnste

42

85 In einigen Wörtern wird – als Ausnahme zu der Nr. 76 wiedergegebenen Regel – nach betontem kurzem Vokal der folgende Konsonantenbuchstabe **nicht verdoppelt**:
– in einigen **Kurzwörtern**

Präpositionen und Konjunktionen:
in, an, um; ab, bis, mit, ob;
Adverb: drin;
Pronomen und Artikel:
der, das, des, was, wes; man
Beachte jedoch:

ma*n* ↔ Ma*nn*	de*s* ↔ de*ss*en	*in* ↔ *inn*en
	we*s* ↔ we*ss*en	dr*in* ↔ dr*inn*en

Der Regel gemäß werden folgende Wörter geschrieben:
da*nn*, de*nn*, da*ss* (Konjunktion), wa*nn*, we*nn*

– in zwei Verbformen: **bin – hat**

ich bin; er hat,   aber: er ha*tte* (regelgerecht)

– in einigen **Substantiven (Nomen)** vom Typ **Himbeere**

Bro*m*beere, Hi*m*beere, Wa*l*nuss, I*m*biss, Spe*r*ling, Da*m*wild, I*m*ker

86 Der gleiche Konsonantenbuchstabe kann **dreifach** stehen.

Schi*fff*ahrt, Schwi*mmm*eister
(zugelassene Nebenschreibungen: Schiff-Fahrt, Schwimm-Meister);
We*tt*turnen, Bre*nn*nessel, Fe*tt*topf, Be*tt*tuch, Schne*ll*läufer, Beste*ll*liste;
Flu*ss*senke, Flu*ss*strecke

Bei einigen Wörtern steht nur der Doppelkonsonant (also kein Dreifachkonsonant).

Mi*tt*ag, de*nn*och, Dri*tt*el

Konsonanten

b – p

87 **b und p** klingen oft gleich. Meistens können die beiden Rechtschreibhilfen – Verlängern und Ableiten – Klarheit schaffen (vgl. Nr. 46 und 47).

Kalb	→ Käl*b*er	Lump	→ Lum*p*en
sie gibt	< ge*b*en	er pumpt	< pum*p*en

Bei Unsicherheiten beim Wortanfang oder beim Silbenanlaut hilft nur das Nachschlagen im Wörterbuch.

Für manche Wörter gibt es keine Regel. Man muss sich ihre Schreibung einprägen.

Krebs	Knirps	Papst
Obst	Schlips	Propst
Abt	Mops	Haupt
Obdach	Schnaps	Rezept
hübsch	Raps	Klempner
	Klaps	September
	Stöpsel	Gips
	Kapsel	

88 **d und t** klingen oft gleich. Meistens können die beiden **Rechtschreibhilfen** – Verlängern und Ableiten – Klarheit schaffen (vgl. Nr. 46 und 47).

Bund	→ Bun*d*es	bunt	→ bun*t*e
Leid	< lei*d*en	Geleit	< lei*t*en
Geld	→ Gel*d*er	Vergeltung	< gel*t*en
bargeldlos	< Gel*d*		

Für manche Wörter gibt es keine Regel. Man muss sich ihre Schreibung einprägen.

Bei Unsicherheiten beim Wortanfang oder beim Silbenanlaut hilft nur das Nachschlagen im Wörterbuch.

ihr seid	irgend	seit (gestern,
wir sind	nirgends	drei Tagen)
bald	eilends	es gilt
Jugend	zusehends	etwas
niedlich	morgendlich	gesamt
redlich	abendlich	Ort
Neid	abends	Rat

Beachte aber: morgens, meistens, wenigstens, unversehens, vergebens, höchstens, schnellstens; eben

Tod und tot werden in der Rechtschreibung unterschieden.

Das Substantiv (Nomen) *Tod* schreibt man am Ende mit *d*. Das Adjektiv *tot* schreibt man am Ende mit *t*.

Gleichfalls mit -*d* werden alle von *Tod* abgeleiteten Zusammensetzungen geschrieben:

Mit -*t* werden entsprechend die von *tot* abgeleiteten Zusammensetzungen geschrieben:

todkrank (auf den Tod – das Sterben – krank, sterbenskrank)
todunglücklich
todernst
todsicher
der Todfeind

der Tote, Totgeburt
totarbeiten (so arbeiten, dass man – fast – tot ist)
totlachen
totfahren, totärgern, totsagen
totschweigen

89 Die Schärfung (Verstärkung) des d/t-Lautes führt zu einem Nebeneinander von **d, dt, t, tt**.
Die meisten Schreibungen kann man sich mit der Rechtschreibhilfe I (vgl. Nr. 46) herleiten.

Gewand	< umwin*d*en	Verband < verbin*d*en
Versand	< versen*d*en	

Gewandtheit < gewen*det*, Gesandtschaft < gesen*det*
Verwandtschaft
Bekanntschaft < kennen, gekann*t*

Die Schreibung einiger Grundwörter (Stammwörter) kann man sich nicht herleiten; man muss sie sich einprägen:
Stadt
statt, anstatt

-statt (in Verbindungen), z.B. Werk*statt*

Statthalter	<	der die Stelle (Stä*tte*, „Sta*tt*") vertretend „hält", innehat
Brandstätte	<	-sta*tt*
Kleinstädte	<	Sta*dt*
Stadtteil	=	Stadt + Teil
Stadttheater	=	Stadt + Theater

---

g – k

90 | **g und k** klingen oft gleich. Meistens können die beiden Rechtschreibhilfen – Verlängern und Ableiten – Klarheit schaffen (vgl. Nr. 46 und 47).

Tag	→ Tage	Tank	→ Tan*k*er
Sog	→ sau*g*en	Klinik	→ Klini*k*en
flugs	< Flug	Gewölk	< Wol*k*en
Gesang	< sin*g*en	Gestank	< stin*k*en

Für manche Wörter gibt es jedoch keine Regel. Man muss sich ihre Schreibung einprägen.

Bug	Talg	Musik
Teig	Jagd	Takt

---

g – ch

91 | Auch in der Frage, ob im Auslaut **g oder ch** geschrieben wird, helfen – wie bei g und k – die Rechtschreibhilfen (vgl. Nr. 46 und 47).

Schlag → Schläge   Krach → Krä*ch*e
er mag < mö*g*en   sie macht < ma*ch*en
Zum **Suffix -ig** vgl. Nr. 113–116;
hier nur ein Beispielpaar:
lustig → lusti*g*er   fröhli*ch* → fröhli*ch*er

Merke als Besonderheit: Dickicht, Fracht, Docht, Macht

92 | **Unterscheidungsschreibung:**
(vgl. oben Nr. 52)

Flug (fliegen) – Fluch (verfluchen)
Sieg   – siech (krank)
du magst   – du machst

---

ch am Wortanfang

93 | Gelegentlich steht **ch am Wortanfang**, obwohl als Anlaut ein *k* oder *sch* gesprochen werden kann.

Nur in Süddeutschland, Österreich, Südtirol und der Schweiz spricht man *ch*- in den folgenden Wörtern wie *k*-: Chemie, China, Chinin, Chirurg

Im ganzen deutschen Sprachgebiet wird *k* gesprochen in:

Chor	Chronik	christlich
Chlor	chronisch	Charakter
Chrom	Chaos	Orchester

Wie *sch* wird es gesprochen in:
Chef, Chiffre, Chanson, Champignon

94 Das **Schriftzeichen ck** ist eine besondere Form von **Buchstabenverdoppelung**. Es steht nur hinter betontem kurzem Vokal, nie hinter einem Konsonanten. Es dient der Kennzeichnung der Vokalkürze (siehe Nr. 76 und 79). Das Zeichen ck steht **anstelle von kk**.

dick, Zucker

Nur in einigen Fremdwörtern wird als Ausnahme kk geschrieben.

Akkord, Akkordeon, Akku (Kurzwort aus: Akkumulator), akkurat, Akkusativ, Makkaroni, Mokka, Sakko, Akklamation, Okkupation, Pikkolo (auch: Piccolo)

h/h/h

95 Der **Buchstabe h** erfüllt drei unterschiedliche Aufgaben:
- Er gibt einen Laut, den Hauchlaut, wieder **(Sprech-h)**.

Haus, Hand, Herd, hier, holen, Hund

- Er stellt ein Dehnungszeichen dar **(Dehnungs-h)** (vgl. oben Nr. 51).

Māhlzeit, lāhm, Fāhne, Fāhrzeug

- Er bezeichnet die Fuge zwischen zwei Vokalen (meist einem betonten langen und einem unbetonten kurzen) **(Fugen-h)** (vgl. Nr. 51)

bejahen wird gesprochen als [bəjá:ən], nicht: [bəjá:hən]
entsprechend: nahen: [ná:ən]
Mühe: [mý:ə]
Ruhe: [rú:ə]

Nach Diphthongen (Zwielauten) steht das h in der Regel nicht, weil sie als solche lang sind und darum eines Dehnungszeichens nicht bedürfen.

Blei, drei, frei, schreiben, bleiben;
Frau, Bau, genau,
auch: rau;
Heu, Spreu, neu

In einigen Wörtern steht nach dem Diphthong *ei* ausnahmsweise ein Dehnungs-h, z.B. **Reihe**. In der Umgangssprache wird es teilweise gesprochen.

gedeihen, leihen, verzeihen;
Geweih, Reiher, Weiher, Reihe

v – f – pf – ph

96 **f und v** werden in der Rechtschreibung unterschieden. Eine Regel lässt sich nicht formulieren; daher muss man sich die Schreibung einprägen. Hinzu kommt, dass auch in der Standard-Aussprache zwischen **f und pf** (auch **ph**) nicht mehr unterschieden wird. Es hilft also die deutliche Aussprache hierbei nicht.

Mit **v** werden geschrieben, z.B.:

viel	vordere	Detektiv
sowie Zusammen-	ver- (Vorsilbe)	Larve
setzungen:	vorne	Nerv
vielfach usw.	Vers	Motiv
voll	Vieh	Nominativ
vor (aber: *fort*)	brav	Infinitiv

Mit **v** werden vor allem die rechts wiedergegebenen Wörter geschrieben. Sie sind Fremdwörter, die meisten lateinischer Herkunft.

Mit **v** in der Aussprache *w* werden geschrieben:

Universität	*Vase*	*Vene*	*Virus*

In den folgenden Wörtern mit **v** wird in manchen Teilen des deutschen Sprachgebiets das *v* als *w* gesprochen, in anderen aber hingegen als *f*:

*V*atikan	*V*entil	Pro*v*iant
e*v*angelisch	Pul*v*er	pri*v*at
No*v*ember	*V*ulkan	zi*v*il
Re*v*olution	di*v*idieren	*V*ioline
Perspekti*v*e	Skla*v*e	bra*v*e Leute
Kur*v*e	*V*egetarier	

Folgende Wörter mit **f** sollte man sich merken:

*f*ordern	*F*asan	*f*ort (aber: *vor*,
*F*orderung	Ele*f*ant	*vorne*)
	*F*erse	

Mit **pf** werden die nebenstehenden Wörter geschrieben:

*Pf*erd	*Pf*licht	*Pf*alz (Kaiserpfalz)
*Pf*anne	*Pf*and	*Pf*ahl
*Pf*laume	*Pf*und	Trum*pf*
*Pf*eil		

Mit **ph** werden die nebenstehenden Wörter geschrieben. Sie sind alle altgriechischer Herkunft.

*Ph*ysik	*Pro*p*h*et	Atmos*ph*äre
*Ph*iloso*ph*ie	Meta*ph*er	Trium*ph*
*Ph*ilharmonie	Di*ph*thong	Al*ph*abet
*Ph*antom	*Ph*os*ph*or	As*ph*alt
*Ph*ase	Katastro*ph*e	Apostro*ph*
*Ph*rase		

Für einige Wörter gibt es **Doppelschreibung**:

Hauptschreibung:	Nebenschreibung:
*F*antasie	*Ph*antasie
*f*antastisch	*ph*antastisch
*F*otografie	*Ph*otographie
*F*otosynthese	*Ph*otosynthese
*F*otometrie	*Ph*otometrie
Wortbestandteil *foto-*	Wortbestandteil *photo-*

ferner (Wörter des allgemeinen Sprachgebrauchs):

Gra*f*ik	Gra*ph*ik
Wortbestandteil *-graf-*	Wortbestandteil *-graph-*
Mikro*f*on	Mikro*ph*on
Wortbestandteil *-fon-*	Wortbestandteil *-phon-*

hingegen (Wörter wissenschaftlichen Sprachgebrauchs):

Wortbestandteil *-graph-*	Wortbestandteil *-graf-*
Orthogra*ph*ie	Orthogra*f*ie
Geogra*ph*ie	Geogra*f*ie
Gra*ph*ologie	Gra*f*ologie
Paragra*ph*	Paragra*f*
Wortbestandteil *-phon-*	Wortbestandteil *-fon-*
*Ph*onetik	*F*onetik
*Ph*onometrie	*F*onometrie
Del*ph*in	Del*f*in

97 **Unterscheidungsschreibung**
(vgl. Nr. 52)

fetter	– Vetter
er fiel	– viel
der Fund (gefunden)	– das Pfund
er fand	– Pfand
Falz (Umbiegung, Blechrand, Papierfalte)	– Pfalz
Feile (Werkzeug)	– Pfeile (Zeichen, Geschosse)
Flug (fliegen)	– Pflug (den Acker pflügen)
fort	– Pforte
Flocke (Schneeflocke, Haferflocke)	– Pflock (Zeltpflock, Vieh anpflocken)
fahl (blass)	– Pfahl
fade (langweilig)	– die Pfade
Fahne	– Pfanne

th; rh

98 **th: ungewöhnliche Schreibung:**
In einigen Wörtern wird der **t-Laut** durch **th** (statt durch t) wiedergegeben.
Diese Wörter stammen alle aus dem Altgriechischen.

*Th*ema, *Th*eater, *Th*ese, Hypo*th*ese, *Th*eorie, *Th*erapie, *Th*ermometer, *Th*ermostat, *Th*ermosflasche;
Pa*th*os, Pa*th*ologie, Sympa*th*ie, Or*th*opäde, Ma*th*ematik, Ka*th*ete, Me*th*ode, E*th*ik, Ka*th*edrale, Ä*th*er, Korin*th*en, Diph*th*ong;
*Th*ron, Rhy*th*mus

Für zwei Wörter gibt es **Doppelschreibung**:

Hauptschreibung:	**Nebenschreibung:**
Thunfisch	Tunfisch
Panther	Panter

Es gibt aber auch Wörter altgriechischen Ursprungs, die mit einem **einfachen t** geschrieben werden.

Architekt, Atmosphäre, Hypotenuse, Kritik, Technik, Typ

rh: ungewöhnliche Schreibung des r-Lautes:
In einigen Fremdwörtern wird der **r-Laut** durch **rh** (statt durch r) wiedergegeben. Diese Wörter sind alle altgriechischer Herkunft.

*Rh*ythmus, *Rh*etorik, *Rh*esusfaktor, *Rh*ombus, *Rh*ododendron, *Rh*inozeros, *Rh*apsodie

Für einige Wörter und Wortbestandteile gibt es **Doppelschreibung**:

Hauptschreibung:	**Nebenschreibung:**
Katarrh	Katarr
Myrrhe	Myrre

s – ß – ss; st – ßt – sst

99 Als **Schriftzeichen für die s-Laute** kennt die Rechtschreibung: **s, ß, ss**.	Verwendet man nur Großbuchstaben, so wird das ß durch SS ersetzt: Straße → *STRASSE*. In der Schweiz kann immer statt des Zeichens ß der Doppelbuchstabe ss geschrieben werden: Straße → schweizer. Strasse.

00

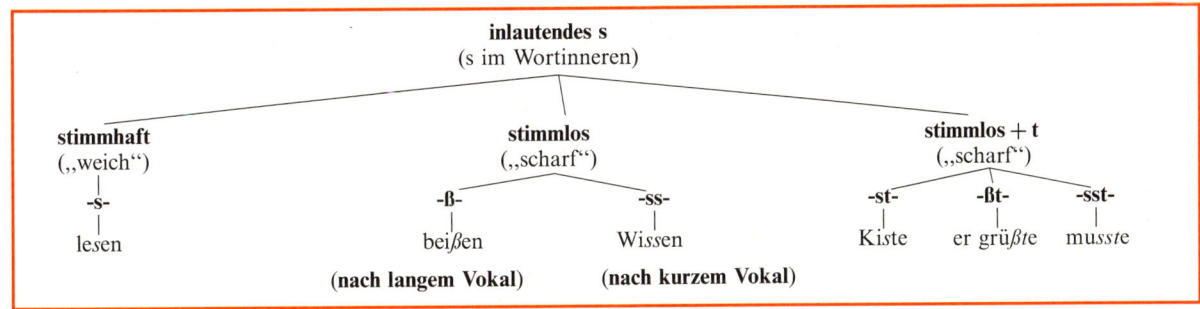

Im Wortinlaut (im Wortinneren) wird der **stimmhafte** (weiche) **s-Laut** durch **s** wiedergegeben:	brausen Gemüse lose Hose sausen reisen weise Nase lesen hinweisen leise Hase
Im Wortinlaut wird der **stimmlose** (scharfe) **s-Laut nach** *langem* **Vokal** durch **ß** wiedergegeben	sie fraßen Muße Größe Sträuße wir saßen Buße Grüße vergrößern fließen draußen Füße beißen genießen außer fleißig heißen Soße Gefäße Preußen entblößen usw.
Im Wortinlaut wird der **stimmlose s-Laut nach** *kurzem* **Vokal** durch **ss** wiedergegeben; vgl. aber Nr. 101.	passen Messe Russe Schlüssel lassen Bissen Fässer Flüsse Tasse Rosse Pässe Nüsse Masse Klasse Schlösser usw.

101 In der **Verbindung** mit dem **t-Laut** wird das inlautende stimmlose (scharfe) s normalerweise **-st-** geschrieben; natürlich auch in Wörtern, die in anderen Formen ohnehin ein -s- enthalten: **-st-** (Die Lautverbindung stimmhaftes s + t kommt nicht vor.)	gestern, meistens hasten, fasten; das Fest, Westen; Kiste, Liste; Osten; husten, pusten; Gäste; Klöster; Küste; Geist reisen → sie reiste, rasen → er raste; sausen → wir sausten; vgl. Nr. 104
In den Wörtern, die **ohnehin** ein ß enthalten, wird geschrieben: **-ßt-**.	groß → größte
In den Wörtern, die **ohnehin** ein ss enthalten, wird geschrieben: **-sst-**.	müssen → wir mussten wissen → sie wussten

102

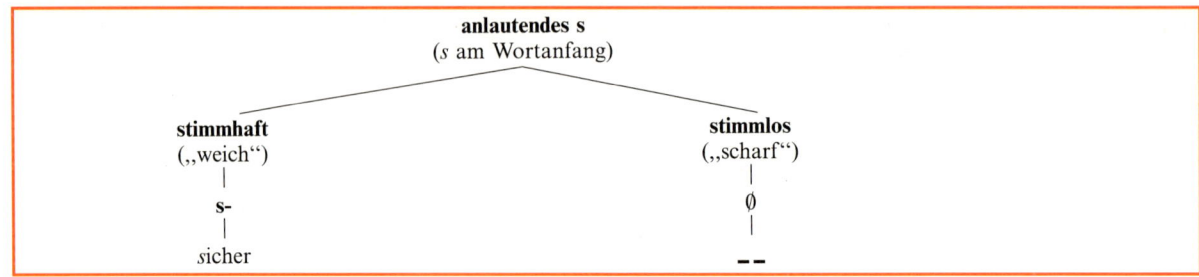

Im **Wortanlaut** (am Wortanfang) steht immer: **s-**.

sauber, sagen, summen, sicher, Seele

Das **anlautende s** wird **immer stimmhaft** (weich) gesprochen. In der Standard-Aussprache kommt ein anlautendes stimmloses (scharfes) s nicht vor.

(Für stimmloses s im *Silben*anlaut vgl. Nr. 100: s-Laute im Wortinnern, z. B. bei*ß*en, Ta*ss*e.)

103

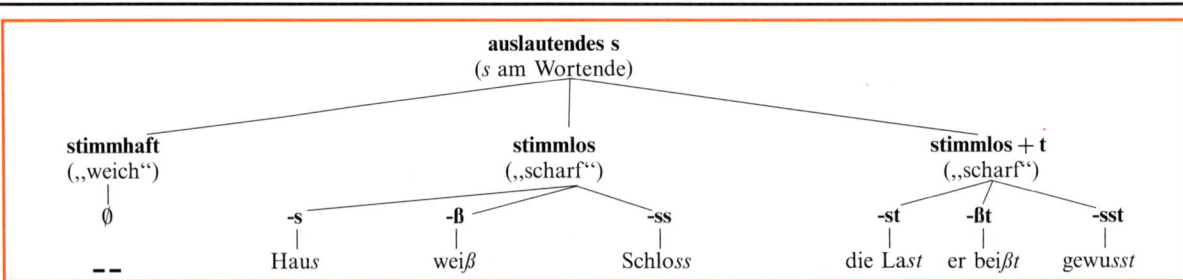

Im **Auslaut** wird das s **immer stimmlos** (scharf) gesprochen.

Das auslautende s wird wiedergegeben durch den **Buchstaben s**
– in solchen Wörtern, die **in flektierten** (gebeugten) **Formen** ein *stimmhaftes* (weiches) s aufweisen

Mau*s* → Mäu*s*e, Krei*s* → die Krei*s*e
der Fel*s* → die Fel*s*en (auch: der Fel*s*en)
das Gra*s* → die Grä*s*er → gra*s*en
die*s* → die*s*e usw.

oder in deren **Wortfamilie** ein stimmhaftes s vorkommt

lö*s*lich (Silbenauslaut) < lösen
sie la*s* < le*s*en

– in einigen **Kurzwörtern**

e*s*, da*s* (Artikel, Pronomen), wa*s*; eine*s*, etwa*s*, nicht*s*; au*s*, bi*s*, al*s*, fall*s*, lo*s*

– in einigen **Adverbien**, bei denen das s das Kennzeichen der Wortart ist

bereit*s* (< bereit; Adverb-Kennzeichen: -*s*);
zusehend*s*, vollend*s*, eilend*s*, nirgend*s*;
stet*s*, abwärt*s*, vorwärt*s*, unversehen*s*, abend*s*, morgen*s*

– in Wörtern mit den **Endungen**
  ● **-nis** und **-is**

Bildni*s*, Geheimni*s*, Bedürfni*s*, Zeugni*s*, Versäumni*s*; Kürbi*s*

  ● **-as** und **-os**

Atla*s*, Anana*s*; Rhinozero*s*

  ● **-us**

Omnibu*s*, Kroku*s*, Globu*s*

– in einigen sonstigen Wörtern.

Rei*s*, Mai*s*

Das auslautende s wird wiedergegeben durch das **Schriftzeichen ß** **nach langem Vokal** oder **nach Diphthong** (Zwielaut).	das Maß; der Spieß, Grieß; Kloß, groß, bloß; Fuß; Fleiß, weiß, der Schweiß; Strauß usw.
Das auslautende s wird wiedergeben durch den **Doppelbuchstaben ss** nach **betontem kurzem Vokal**.	dass (Konjunktion); nass, Fass, blass, lass das!, Pass, Einlass; kess, Stress, essbar (Silbenauslaut); der Biss, sie biss, ein bisschen (Silbenauslaut), gewiss, missbilligen (Silbenauslaut); das Ross, Schloss, Amboss; Schluss, Kuss, muss, Fluss, Schuss; hässlich, grässlich (Silbenauslaut) usw.

104 In der Verbindung mit dem **t-Laut** wird das auslautende s normalerweise **-st** geschrieben.

selbst, selbstlos (Silbenauslaut), selbstständig (auch möglich: selbständig); Last, fast; fest, Rest; Mist; Most, Lust; Faust, Geist usw.

Bei **Verbformen** lässt sich diese Art der Schreibung mithilfe der **Rechtschreibhilfe I** erklären (vgl. oben Nr. 46).
Dies gilt auch für Partizipien.

sie reist < reisen

erlöst < erlösen

In Wörtern, die **ohnehin** ein ß enthalten, wird die Lautverbindung mit t wiedergegeben durch **-ßt**.

heißen → sie heißt
gießen → er gießt

In Wörtern, die **ohnehin** ein ss enthalten, wird die Lautverbindung mit t wiedergegeben durch **-sst**.

küssen → geküsst
wissen → gewusst, bewusst, Bewusstsein

105 Besonderheiten bei **ss + st**: Beim Zusammentreffen von ss und st wird **ein s ausgestoßen**
  – in der 2. Person Singular (Präsens Indikativ) von **Verben mit s oder ß oder ss**
  – auch bei Verben mit **tz** oder **x**
  – manchmal in Superlativen von **Adjektiven mit s-Laut**

reisen – du reist (nicht: reis + st →* reisst)
beißen – du beißt (nicht: beiß + st →* beißst)
hassen – du hasst (nicht: hass + st →* hassst) usw.
sie sitzt, du mixt
groß – der größte (nicht: größ + ste →* größste) usw.

106 Wortreihen mit **wechselnder s-Schreibung**: Bei den Stammformen mancher Verben und innerhalb mancher Wortfamilien wechseln Vokallänge und Vokalkürze miteinander; dementsprechend wechseln auch die Schreibungen des s-Lautes.

genießen – er genoss – genossen – der Genuss
fließen – er floss – geflossen – fließend – der Fluss – flüssig
wissen – er weiß – er wusste – Gewissen – Bewusstsein
beißen – er biss – gebissen – der Biss – ein Bissen – ein bisschen (Silbenauslaut) usw.

107 **Unterscheidungsschreibung**
(vgl. Nr. 52)

sie isst (< essen)	– sie ist (< sein)
er biss	– bis
du hasst (< hassen)	– du hast (< haben)
er fasst	– fast
sie reißt (< reißen)	– sie reist (< reisen)
sie ließ (die Arme sinken)	– lies einmal das! (< lesen)
es misst (< messen)	– Mist
die Masse	– die Maße

Die das/dass-Regel

108

> **das** – **Pronomen** (Relativpron., Demonstrativpron.),
> **Artikel**
> **dass** – **Konjunktion**

Ersatzprobe: Ein „das/dass" nach einem Komma schreibt man dann **mit -s**; wenn man statt seiner **welches** oder **dies** sagen kann.
(Das heißt: der **Ersatz** durch *welches* oder *dies* ist **möglich**;
das ist entweder **Relativpronomen** oder **Demonstrativpronomen** oder **Artikel**.)

Das Auto, *das* wir gekauft haben, hat vier Türen.
= Das Auto, *welches* wir gekauft haben, ... (Rel.pron.)
Erdal sagte, *das* sei ihm neu.
= Erdal sagte, *dies* sei ihm neu. (Dem.pron.)
Ilse sagte, *das* Buch liege noch auf dem Tisch.
= Ilse sagte, *dies* Buch liege noch auf dem Tisch. (Art.)

Wenn man ein „das/dass" nach einem **Komma** jedoch **nicht** durch **welches** oder **dies** ersetzen kann, wird es **mit -ss** geschrieben.
(Das heißt: Der **Ersatz** durch *welches* oder *dies* ist **nicht möglich**.)

> 1. Lisa sagte, *dass* sie diese Antwort nicht erwartet hatte.
> 2. * Lisa sagte, welches sie diese Antwort nicht erwartet hatte: ein ungrammatischer Satz!
> 3. * Lisa sagte, dies sie diese Antwort nicht erwartet hatte: ein ungrammatischer Satz!
> 4. **also**: hier *dass* mit *-ss* schreiben.

Anders ausgedrückt: Wenn das/dass **unterordnende Konjunktion** ist, wird das Wort mit -ss geschrieben.
Auch am Satzanfang wird ein das/dass mit -ss geschrieben, wenn man es nicht durch *dies* ersetzen kann.

Dass wir gewinnen würden, hatte ich nicht mehr geglaubt.
(In diesem Zusammenhang ist zusätzlich die Verwendung eines Demonstrativpronomens möglich:
Dass wir gewinnen würden, *das* hatte ich nicht mehr geglaubt.)

109 Die Konjunktion **sodass** wird in einem Wort geschrieben,
sie darf aber auch in zwei Wörtern geschrieben werden (Doppelschreibung).

Sie passte nicht auf, **sodass** sie den zugespielten Ball verfehlte.
auch möglich:
..., **so dass** sie den Ball verfehlte.

110 Die Buchstaben und Schriftzeichen **x – ks – cks – gs – chs** geben eine **Lautkombination** wieder, die einen **s-Laut** enthält.

Der Buchstabe und die Zeichen treten im Auslaut auf. Sie klingen vollkommen gleich, werden aber in der Rechtschreibung unterschieden.

Die Schreibung einiger Wörter kann man sich mithilfe der Rechtschreibhilfe I (s. Nr. 46) herleiten.

lin*ks*	(vgl. der	anfan*gs*	< anfangen
	lin*ke* Griff)	flu*gs*	< fliegen
Kle*cks* < kle*ck*ern		allerdin*gs*	< Ding → Dinge
Kni*cks* < kni*ck*en			

Die Schreibung einiger anderer muss man sich einprägen.

Hexe	Praxis	lax	Suffix
mixen	Boxer	kraxeln	komplex
fix	Luxus	Nixe	Sex
Axt	Plexiglas	Taxi	ex- (als Vorsilbe)

Eidechse	Ochse	Deichsel	Flachs
Dachs	Lachs	wechseln	Buchse
Fuchs	Achse	wachsen	Büchse
Luchs	Achsel	Drechsler	

111 Der **Buchstabe z** und die **Buchstabenverbindung tz** geben eine Lautkombination wieder: [ts].

Sie klingen vollkommen gleich, werden aber in der Rechtschreibung verschiedenartig verwendet: Das z steht nach langem Vokal und nach Konsonanten, das tz nur nach betontem kurzem Vokal.

Wi*tz* – Wei*z*en; auch: Ka*tz*e – Strapa*z*e.

duzen, Kapu*z*e ↔ Nu*tz*en
rei*z*en ↔ ri*tz*en
Bre*z*el (das e ↔ Ne*tz*, je*tz*t
ist standard-
sprachlich lang)
Pla*tz*, Me*tz*ger, Wi*tz*, Klo*tz*, Pu*tz* usw.;
auch: pla*tz*ieren, Pla*tz*ierung

Das **Schriftzeichen** (Buchstabenverbindung) **tz** wird verwendet als **Verdoppelungszeichen** für z (anstelle von zz). Daher steht es n u r **nach betontem kurzem Vokal** (vgl. Nr. 76 und 79).

Das Zeichen tz kann nicht stehen
– hinter langem Vokal
  oder Diphthong (Zwielaut)
– hinter einem Konsonanten
In einigen **Fremdwörtern** wird der **Doppelbuchstabe zz** verwendet.

duzen, Kapu*z*e, Strapa*z*e;
Hei*z*ung, Rei*z*, Kreu*z*ung, Kau*z*
A*rz*t, Ka*nz*ler, Sa*lz*, ta*nz*en, He*rz*, Konfere*nz*, Ho*lz*, ku*rz*

Pi*zz*a, Ski*zz*e, Ra*zz*ia, Interme*zz*o, Ja*zz*

112 Vorsilben:
Es ist zweckmäßig, dass man sich die Rechtschreibung einiger Vorsilben einprägt:

- **ant-**   Antwort, Antlitz
- **ent-**   entwerfen; Entdeckung; entbehrlich, entzündlich
- **her-**   herbringen; Hersteller; herein, heraus, herüber
- **ver-**   verarbeiten, verbrauchen; Verfolgung
- **vor-**   Vorsorge; vorbildlich; vorwärts, vorher, voraus, vorhanden
- **ur-**   Ursache, Urlaub; uralt, urwüchsig
- **miss-**   missbilligen, missverstehen; Missachtung; misslich

Unterscheide die **Vorsilbe** ent- von der **Silbe** end- (< Ende).

Ent/schei/dung	un/end/lich
ent/loh/nen	end/los
Ent/gelt, un/ent/gelt/lich	end/gül/tig, End/er/geb/nis

Unterscheide **vor** von **fort**.

vor/fah/ren	fort/fah/ren
vor/ge/hen	fort/ge/hen
vor dem Tor	fort von hier

113 Nachsilben und Suffixe:
Es ist zweckmäßig, dass man sich die Rechtschreibung einiger Nachsilben und Suffixe einprägt:

- **-bar**   lenkbar, denkbar, brauchbar

- **-end**   lenkend, denkend, belustigend
  -end ist die Wortendung des Partizips I (des Partizips Präsens) der Verben.

- **-isch**   kindisch, mürrisch, zänkisch, neidisch, regnerisch

- **-ig**   lustig, brummig, listig, rauchig, zulässig, billig, steinig

- **-lich**   erfreulich, fürchterlich, leserlich, ähnlich, neulich, nämlich

- **-mal(s)**   einmal, keinmal; niemals, vielmals

- **-nis**   Finsternis, Erkenntnis, Erlaubnis

- **-sam**   biegsam, unaufhaltsam, einsam

- **-wärts**   vorwärts, rückwärts, seitwärts, ostwärts

114 Scheinbare Ausnahme: Manche Wörter enden auf -lig (und nicht auf -lich). Aber das ist kein weiteres Suffix. Vielmehr kommt dieses Wortende so zustande, dass der Wort*stamm* auf -l endet und sich daran das Suffix -ig anschließt

ölig < Öl + ig	
stachelig	heilig
mehlig	eilig
wohlig	langweilig

115	Wenn man im Zweifel ist, ob ein Wort auf *-ig* oder *-lich* endet, hilft auch hier wieder die **Rechtschreibhilfe II** (Verlängern); vgl. Nr. 47.	langweilig → langweil*ig*er zulässig → das zuläss*ig*e Gesamtgewicht billig → bill*ig*er steinig → stein*ig*en erfreulich → die erfreul*ich*e Tatsache ehrlich → der ehrl*ich*e Finder freundlich → noch freundl*ich*er
116	**Unterscheidungsschreibung:** (vgl. Nr. 52)	seelisch – (die Seele, das Innenleben betreffend) gläubig – ⟶ selig (die Seligkeit betreffend) (vgl. Nr. 57) abergläubisch
117	Der **Unterschied von -ends und -ens** ist nur schwer zu erklären; man merkt ihn sich am besten von Fall zu Fall (d. h. von Wort zu Wort).	abends (am Abend) · morgens (am Morgen) nirgends · meistens (die meisten) vollends · übrigens (die übrigen) wenigstens (die wenigsten) seitens

Getrennt- und Zusammenschreibung

118	**Begriffssprache:** Bei den „Wörtern, die im Text unmittelbar benachbart und aufeinander bezogen sind", unterscheiden die amtlichen Rechtschreibregeln zwischen – Wortgruppen und – Zusammensetzungen. **Wortgruppe** ist der Name für Wortverbindungen, die getrennt geschrieben werden sollen. Eine Wortgruppe besteht aus **zwei** oder mehr **Wörtern**. **Zusammensetzung** ist der Name für Wortverbindungen, die zusammengeschrieben werden sollen. Eine Zusammensetzung ist **ein Wort** (ein zusammengesetztes Wort).	**Wortverbindung** **Wortgruppe** — **Zusammensetzung** getrennt geschrieben · zusammengeschrieben z. B. *Auto fahren* · z. B. *fernsehen* Auto fahren, liegen bleiben, getrennt schreiben, zu Hilfe kommen fernsehen, irreführen, zusammenschreiben (Für einen ersten Überblick reichen aus die Nr. 118–120 sowie Nr. 126–131.)
119	In der deutschen Sprache sind viele Wörter **Zusammensetzungen**, z. B. Fußball. Zusammengesetzte Wörter werden selbstverständlich als ein Wort geschrieben. Als **wichtigste Faustregel** gilt daher: Was du ohne zu zögern als ein zusammengesetztes Wort verstehst, schreibe zusammen.	*Fuß* und *Ball* sind Bestandteile des zusammengesetzten Wortes *Fußball*. ankommen, abbiegen, weggehen, zusammenfassen, mitspielen, einkaufen; teilnehmen, stattfinden, heimbringen, irreführen; fernsehen, festsetzen, wahrsagen, bloßstellen, bereithalten; Herdplatte, Feuerwehr, Feuerleiter, Fahrrad, Bahnhofsvorplatz; langweilig, vieldeutig, nasskalt, blaugrau, dunkelrot; allerdings, manchmal, erstmals, probeweise, vielleicht

| 120 | Neben den Wörtern, die ohne Zögern für Zusammensetzungen (d. h.: für ein Wort) gehalten werden, gibt es aber auch nebeneinander stehende Wörter, bei denen sich viele Schreibende im **Zweifel** sind, ob sie diese **zusammenschreiben oder getrennt schreiben** sollen. | Rad + fahren ⇒ ?
gut + gehen ⇒ ?
nahe + liegend ⇒ ?
Not + tun ⇒ ? |

Die **amtlichen Rechtschreibregeln** legen als **Grundsatz** fest, dass **im Normalfall getrennt** geschrieben werden soll.

Rad fahren, gut gehen, nahe liegend, Not tun

einige Beispiele von Getrenntschreibungen (in alphabetischer Anordnung):

bekannt geben	kennen lernen	still halten
hier bleiben	leer stehen	schwer fallen
kalt stellen	Leid tun	sitzen bleiben

auch bei Partizipien:

allein stehend	dabei gewesen	streng genommen
(z. B. auch:	dünn besiedelt	Unheil bringend
die allein stehende	Metall verarbei-	verloren gegangen
Mutter)	tend	Vertrauen er-
	Not leidend	weckend

Von dem **Grundsatz der Getrenntschreibung** soll nur
– nach **besonderen Regelungen**
– oder dann **abgewichen** werden, wenn die Wortverbindungen im **Wörterverzeichnis** des amtlichen Regelbuchs zusammengeschrieben sind.

vgl. Nr. 124 bis 134 und 136

z. B. gleichgültig

| 121 | Die **Getrenntschreibung** betrifft auch einige Verbindungen, in denen nicht ein Verb der tragende Teil ist; Beispiel: **zu Recht**;
vgl. aber auch Nr. 133, 136 (Doppelschreibung) und 151. | mit Recht, zu Recht
eine Zeit lang
Dienstag früh
zu Hause, nach Hause
auch: zu Hause bleiben, nach Hause kommen
(österr. und schweizer. auch: zuhause, nachhause; zuhause bleiben, nachhause kommen)
zu Hilfe, auch: zu Hilfe kommen, zu Hilfe nehmen
zu Ende, auch: zu Ende gehen |

| 122 | **Besondere Getrenntschreibungsregeln:**
a) **Verb + Verb** werden **immer getrennt** geschrieben. | bleiben lassen, liegen lassen, liegen bleiben, kennen lernen, hängen bleiben, stecken lassen, stecken bleiben, spazieren gehen usw. |
| | b) **Verbindungen mit „sein"** gelten nicht als Zusammensetzungen, sondern als Wortgruppen. Sie werden alle **getrennt geschrieben.** | da sein, inne sein, zurück sein, zusammen sein
Diese Getrenntschreibung betrifft auch das Partizip von *sein*: gewesen
da gewesen, beisammen gewesen, zurück gewesen |

c) Die Verbindung Adverb + Verb wird teils getrennt geschrieben und teils zusammengeschrieben. Dafür gilt eine besondere Regelung (siehe Nr. 132).

vorhersehen, vorwärts blicken (vgl. Nr. 132)
mit Unterschied im Wortinhalt:
zusammen arbeiten – zusammenarbeiten
zusammen tragen – zusammentragen
wieder gewinnen – wiedergewinnen

d) Adjektiv + Verb werden immer dann **getrennt** geschrieben, wenn das Adjektiv auf **-ig** endet; Beispiel: **fertig stellen**, ferner bei Adjektiven auf **-lich** und **-isch**.

übr*ig* bleiben, übr*ig* lassen, läst*ig* fallen, fert*ig* stellen, ruh*ig* stellen
beispielsweise auch: die fertig gestellte Reparatur
freund*lich* tun; prakt*isch* denken

Außerdem werden Adjektiv + Verb dann **getrennt** geschrieben, wenn das Adjektiv in dieser Verbindung **steigerbar** oder **erweiterbar** ist; Beispiel: **leicht fallen**. (Die Negation durch das Adverb *nicht* soll dabei nicht als Erweiterung gelten, wohl aber ein inhaltlich passendes *sehr* oder *ganz*.)

bekannt machen (wegen: *bekannter* machen);
übel nehmen (wegen: *sehr* übel nehmen),
fern liegen (wegen: *sehr fern, zu fern, ferner* liegen)
auch:
genau nehmen, kurz treten, leicht fallen, nahe bringen, schlecht gehen, schwer nehmen, zufrieden stellen, still sitzen, still halten, schwer fallen, sauber halten, nahe legen, nahe liegen

Verschiedene Sprachteilnehmer/innen beantworten die Frage nach Steigerbarkeit und Erweiterbarkeit im Blick auf eine konkrete sprachliche Äußerung verschieden. Auch ist der Begriff der Erweiterung nicht eindeutig abgrenzbar.

So muss man als Schreibender oder Schreibende bei Fragen in diesem Bereich häufig zum **Wörterbuch** greifen.

Da keins der Merkmale für Getrenntschreibung zutrifft, wird zusammengeschrieben in den nebenstehenden Beispielen.

totschlagen, schwarzfahren, festlegen, bereitstehen usw.; vgl. Nr. 132 und 137

Manchmal drückt **verschiedene Schreibung** einen **Unterschied im Wortinhalt** aus.

groß schreiben – großschreiben
(in großer Schrift) (mit großem Anfangsbuchstaben)
gleich kommen – gleichkommen
(bald, sofort) (gleichen)

e) Die Verbindung Partizip + Verb gilt immer als Wortgruppe und wird **immer getrennt** geschrieben.

gefangen nehmen, gefangen halten, verloren gehen, getrennt schreiben

f) Auch die Verbindung **Partizip + Adjektiv** wird **immer getrennt** geschrieben.

kochend heiß, leuchtend rot, strahlend hell

g) Die Verbindung Adjektiv + Adjektiv wird dann getrennt geschrieben, wenn das e r s t e Adjektiv auf **-ig** (oder *-lich* oder *-isch*) endet.

ries*ig* groß, winz*ig* klein, *eisig* kalt

schreck*lich* nervös, mikrosko*pisch* klein

123 Der Grundsatz der Getrenntschreibung betrifft insbesondere einige **Partikeln**:
– **gar**

– **so, wie, zu**

– **so weit** (aber als Konjunktion: soweit).

gar kein, gar nicht, gar nichts
so oft, so viel; wie viel; zu viel;
wie viel Kuchen, wie viele Gäste (vgl. aber Nr. 128)
so weit (als – zweiteiliges – Adverb [eigentl. Adverb *so* + Adjektiv]): Lisa warf den Ball *so weit*, dass …
Ich bin noch nicht *so weit*.
(Als Konjunktion [unterordnende Konjunktion] hingegen: *soweit*
Soweit ich weiß, führt diese Straße nach Jena [vgl. Nr. 131].)

124 **Zusammenschreibung:**

a) Als **Zusammensetzungen** werden **Adjektive** vom Typ **einfach** aufgefasst.

einfach, zweifach;
letztmalig, redselig, schwindsüchtig, blauäugig, großspurig, kleinmütig, vieldeutig, wissbegierig;
gründlich, freundlich, gemütlich

Solche Zusammensetzungen sind dadurch gekennzeichnet, dass
– entweder der erste
– oder der zweite Bestandteil
nicht alleine vorkommt (*fach* ist kein Wort).

*wiss*begierig
blau*äugig*
Auch *-lich* ist kein Wort.

b) Entsprechendes gilt auch für **Partizipien**.

schreibgewandt (*schreib-* kommt nicht als eigenes Wort vor; das Verbum heißt *schreiben*)

c) Zusammengesetzte **Adjektive**, die aus zwei **gleichrangigen Adjektiven** entstanden sind, werden zusammengeschrieben;
Beispiel: **süßsauer** < **süß + sauer** (Adjektiv + Adjektiv)

blaugrau, dummdreist, feuchtwarm, grünblau, nasskalt, taubstumm

d) **Adjektive** können Zusammensetzungen bilden, die einen bedeutungs**verstärkenden** oder bedeutungs**mindernden** ersten Bestandteil enthalten. Als Zusammensetzungen werden sie **zusammengeschrieben**;
Beispiel: **todschick**.

bitter-, brand-, dunkel-, erz-, grund-, lau-, stock-, tod-, ur-, voll- und andere;
extra-, hyper-, super-, ultra-
bitterkalt, brandneu, dunkelblau, erzböse, grundfalsch, lauwarm, stockdumm, todtraurig, urgemütlich, vollgültig, hochgiftig, superleicht
(Diese Gruppe ist nicht eindeutig abgrenzbar. Daher empfiehlt es sich, häufiger zu einem **Wörterbuch** zu greifen.)

e) Außerdem werden die **Adjektive zusammengeschrieben**, die entweder in dieser Form im **Wörterverzeichnis** des amtlichen Regelbuchs enthalten sind oder sich aus einem Stichwort herleiten lassen.

Ein mehrteiliges Adjektiv, dessen Schreibung sich nicht durch eine Regel begründen lässt, sondern nur mit der Schreibung im Wörterverzeichnis, ist beispielsweise: gleichgültig;

neugierig, altmodisch, leichtgläubig, eigenartig, nebenstehend

f) Zusammengesetzte **Adjektive** und **Partizipien**, deren erster Bestandteil durch eine Wortgruppe ersetzt werden kann, werden zusammengeschrieben;
Beispiel: **angsterfüllt**;
angst- → *von Angst,*
ferner: denkfaul; *denk-* → *im Denken*
(Substantiv [Nomen] + Adjektiv oder Partizip)

altersschwach, angsterfüllt, anlehnungsbedürftig, bahnbrechend, butterweich, denkfaul, fehlerfrei, druckreif, fernsehmüde, fingerbreit, freudestrahlend, hitzebeständig, jahrelang, knielang, lebensfremd, lernbegierig, meterhoch, röstfrisch, selbstbewusst, selbstsicher, sonnenarm, werbewirksam, schreibgewandt, weltbekannt
(Der erste Bestandteil wird angesehen als **Verkürzung** für eine Wortgruppe; d. h. es wird eine Präposition oder ein Artikel oder ein Zahlwort eingespart.)
jahrelang; *jahre-* < *mehrere Jahre, einige Jahre*

125 Jedoch gilt (Nr. 124 f.) für **Partizipien** nur mit einer **Einschränkung:** Das Partizip muss so behandelt werden wie der ihm zugrunde liegende Infinitiv. Diese Gleichbehandlung gilt
– sowohl für die Getrenntschreibung

– als auch für die Zusammenschreibung.

Der oder die Schreibende muss also die Frage an den Infinitiv richten: Wie wird beim Infinitiv geschrieben? (Vgl. Nr. 132)

still halten	→ still gehalten
auseinander laufen	→ auseinander laufende Farbe
bloßstellen	→ bloßgestellt
teilnehmen	→ teilnehmend, teilgenommen

Nach der amtlichen Regelung hat man zu schreiben:

nebenstehend; (es existiert kein Infinitiv „neben stehen", vgl. Nr. 124 e);
aber: unten stehend, oben stehend (wegen: unten [oben] stehen)

Man soll schreiben:

großgeschrieben, kleingeschrieben, zusammengeschrieben;
aber: getrennt geschrieben

Für die Infinitive und Partizipien gilt, dass ein Substantiv (Nomen), das ohne jedes Begleitwort (d. h. Begleitwort = 0) vor dem Verb stehen kann, nicht mit dem Verb zusammengeschrieben werden darf.

Vertrauen erwecken; Begleitwort zu *Vertrauen* = 0
auch z. B. Rat suchen → Rat suchend
Wasser speien → ein Brunnen mit Wasser speienden Figuren

Die Getrenntschreibung des Partizips gilt gegebenenfalls auch bei adjektivischer Verwendung als Attribut.

die *Rat suchenden* Bürger, eine *Vertrauen erweckende* Lösung, die *Fleisch fressende* Pflanze, die *Wasser speienden* Figuren

Hingegen werden Substantive (Nomen) mit einem Partizip zusammengeschrieben, wenn sie vor dem Verb ein Begleitwort (z. B. Artikel) zwingend benötigen (notwendiges Begleitwort). Denn nur sie erfüllen die Bedingung, für eine Wortgruppe zu stehen (s. Nr. 124 f.).

herz*erquickend,* angst*erfüllt,* bahn*brechend*
das Herz erquicken
von Angst erfüllt sein, *mit* Angst erfüllen
sich eine Bahn brechen
Es wäre ungrammatisch zu sagen:
*Herz erquicken, *Angst erfüllt sein, *Angst erfüllen, *Bahn brechen

126	Das **Pronomen „selbst"** wird in Verbindung mit **Adjektiven** zusammengeschrieben,	selbsttätig, selbstsicher, selbstbewusst, selbstständig (auch: selbständig)
	jedoch getrennt geschrieben in Verbindung mit **Partizipien.**	selbst gebacken, selbst gestrickt, selbst gefunden usw.
127	**Pronomen** mit **irgend-** werden als Zusammensetzungen aufgefasst und also zusammengeschrieben; Beispiel: **irgendwer.**	irgendein, irgendeine, irgendetwas, irgendjemand, irgendwas, irgendwelcher, irgendwelche, irgendwer
	Das gilt jedoch nicht, wenn *irgend* erweitert ist durch *so.*	irgend so ein, irgend so etwas
	Die Zusammenschreibung mit *irgend-* betrifft auch einige **Adverbien**; Beispiel: **irgendwie.**	irgendwann, irgendwie, irgendwo, irgendwohin, irgendeinmal
128	Viele **Adverbien** sind Zusammensetzungen; Beispiele: **kopfüber, infolgedessen, ebenso.**	deswegen, meinetwegen; infolgedessen, keinesfalls, keineswegs; diesmal, einmal, zweimal, keinmal, manchmal; erstmals, letztmals, vielmals; einigermaßen, bekanntermaßen; probeweise, erstaunlicherweise, erfreulicherweise, klugerweise; bergauf, flussauf, kopfüber, landaus, landein, stromabwärts, tagsüber; abhanden, beiseite, überhand, zugute, zunichte, zustatten, zuteil
	Als Zusammensetzungen werden auch die nebenstehenden Adverbien aufgefasst,	irgendwann, irgendwie usw. (vgl. Nr. 127); dienstagabends;
	darunter Zusammensetzungen mit **-so** und mit **-zu** und zu-; (vgl. Nr. 131).	ebenso, genauso, geradeso, sowieso, umso, wieso; immerzu, geradezu, hierzu, allzu; zuerst, zuletzt, zuallererst, zuallerletzt, zumindest, zuoberst, zuunterst, zuhöchst, zutiefst; beizeiten, derzeit, jederzeit, seinerzeit, zurzeit; **jedoch:** zur Zeit Heines, zu Zeiten Schillers
	Der **Adverbbestandteil „-einander"** bildet mit Präpositionen Zusammensetzungen (zusammengesetzte Adverbien); die beiden Bestandteile werden also **zusammengeschrieben.**	aneinander, aufeinander, auseinander, beieinander, durcheinander, füreinander, ineinander, miteinander, untereinander, voneinander, zueinander
129	Es gibt auch zusammengesetzte **Präpositionen**, Beispiel: **anhand.**	anhand (auch möglich: an Hand), anstatt, infolge
130	Es gibt auch zusammengesetzte **unterordnende Konjunktionen**; Beispiel: **„soweit ich weiß, …"**	anstatt, sobald, sofern, solange, sooft, sosehr, soviel, soweit (vgl. Nr. 131); auch: sodass (auch: so dass, vgl. Nr. 136)

desgleichen zusammengesetzte **nebenordnende** Konjunktionen,	sowie, sowohl (– als auch)
ferner **Satzteilkonjunktionen**.	umso, desto

---

131 Bei **Wortverbindungen mit „so"** ist zu unterscheiden zwischen
– unterordnenden Konjunktionen und Adverbien, Adjektiven und Pronomen.

Nur bei **unterordnenden Konjunktionen** wird das *so* als Bestandteil einer Zusammensetzung aufgefasst (also **Zusammenschreibung**).
Die unterordnenden Konjunktionen leiten einen Nebensatz (Gliedsatz) ein.

Sobald die Sonne schien, war es warm.
Solange Sarah noch nicht eingetroffen ist, können wir nicht anfangen.
Soviel mir bekannt ist, kommt Marie morgen.

Bei **Adverbien** und **Adjektiven** wird die Verbindung mit *so* als Wortgruppe (zwei Wörter) angesehen (also **Getrenntschreibung**); Beispiel: **so oft**.

Paul blieb *so lange*, bis es dunkel wurde.
Kemal muss erst in einer Woche zurück. *So lange* bleibt er bei uns in Berlin. [*so lange* gleichbedeutend mit *bis dahin*]
so oft, so sehr, so bald;
so lange, so hoch, so weit, so fern usw.

Hingegen werden **Adverbien** vom Typ **sogleich** zusammengeschrieben.

Die Schildbürger fanden *sogleich* die Ursache.
ferner: sofort, sogar, sowieso

Zu Adverbien mit -*so* am Wortende siehe Nr. 128.

Für das **unbestimmte Zahlwort „viel"**: so viel, auch: so viele, so vieles ist bei der Verbindung mit **„so"** die **Getrenntschreibung** gefordert.

In der Küche ist noch *so viel* Brot.
Es kamen *so viele* Besucher, dass die Räume überfüllt waren. Es kamen *so viele* Besucher zu unserer Aufführung, wie wir nie geglaubt hatten.

---

132 Zu den **Zusammensetzungen** gehören
– **Verben** vom Typ **schlussfolgern** (Substantiv [Nomen] + Verb).

untrennbare Zusammensetzungen:
brandmarken, handhaben, maßregeln, nachtwandeln, schlussfolgern usw.

Die meisten von ihnen sind **untrennbare Zusammensetzungen** (Erkennungsmerkmal).
Außerdem existieren einige **trennbare Zusammensetzungen**; für sie gibt es 9 mögliche Bestandteile.

*brand*marken → sic *brand*markte

trennbare Zusammensetzungen:
z. B. *teil*nehmen → sie nahm *teil*
haus-, heim-, irre-,
preis-, stand-,
statt-, wett- (wettmachen),
wunder-

- **Verben** vom Typ **langweilen** (Adjektiv + Verb); es handelt sich teils um **trennbare**, teils um **untrennbare Zusammensetzungen**.

bloßstellen, bloßliegen, hochrechnen, vollbringen, vollenden, tiefgefrieren, tiefkühlen, schwarzarbeiten, frohlocken, liebäugeln, fernsteuern, wahrsagen, weissagen, festlegen, bereitstehen, totschlagen, langweilen usw.

(Diese Gruppe ist nicht eindeutig abzugrenzen, vgl. Nr. 122d).
Bei der Meinungsbezogenheit der Abgrenzungskriterien empfiehlt es sich, häufiger zum **Wörterbuch** zu greifen.

durchbrechen, hintergehen, übersetzen, umfahren, unterstellen, wiederholen, widersprechen

- **Verben** vom Typ **widersprechen** (Partikel [d. h. hier: Präposition] + Verb); Starkton auf dem zweiten Wortbestandteil; es handelt sich um **untrennbare Zusammensetzungen**.

widersprechen – ich *wider*spreche

Dazu zählen folgende 7 Partikeln:

durch-, hinter-, über-, um-, unter-, wider-, wieder-

- **Verben** vom Typ **abbeißen** (Partikel [teils Adverb, teils Präposition] + Verb); es handelt sich um **trennbare Zusammensetzungen**.
Diese Regel bezieht sich auf 92 mögliche Bestandteile, die in der nebenstehenden Liste aufgeführt sind.

anrufen, mitgehen, durchsetzen, nachfragen, abbeißen usw. usw.

abbeißen – ich beiße *ab*

Kaum jemand kann sich die **Liste der 92** möglichen Bestandteile von Verbzusammensetzungen auswendig merken. Es empfiehlt sich also, bei Bedarf in einem **Wörterbuch** nachzuschlagen.

Die Liste der 92 möglichen Bestandteile:

ab-	drauflos-	hervor-	um-
an-	drin-	herzu-	umher-
auf-	durch-	hin-	umhin-
aus-	ein-	hinab-	unter-
bei-	einher-	hinan-	vor-
beisammen-	empor-	hinauf-	voran-
da-	entgegen-	hinaus-	vorauf-
dabei-	entlang-	hindurch-	voraus-
dafür-	entzwei-	hinein-	vorbei-
dagegen-	fort-	hintan-	vorher-
daher-	gegen-	hintenüber-	vorüber-
dahin-	gegenüber-	hinterher-	vorweg-
daneben-	her-	hinüber-	weg-
dar-	herab-	hinunter-	weiter-
d(a)ran-	heran-	hinweg-	wider-
d(a)rein-	herauf-	hinzu-	wieder-
darnieder-	heraus-	inne-	zu-
darum-	herbei-	los-	zurecht-
davon-	herein-	mit-	zurück-
dawider-	hernieder-	nach-	zusammen-
dazu-	herüber-	nieder-	zuvor-
dazwischen-	herum-	über-	zuwider-
drauf-	herunter-	überein-	zwischen-

Zusammengeschrieben werden außerdem: bevorstehen, drüberfahren, drunterstellen, draufsetzen, drinbleiben und Zusammensetzungen mit den umgangssprachlichen Bestandteilen ran-, rein-, rauf- usw.

Es gibt so gegensätzliche Schreibungen wie
vorwärts blicken – zurückblicken, vorwärts schauen – vorausschauen, darüber stehen – danebenstehen

Adverbien und andere Partikeln, die nicht in der Liste der 92 stehen, werden von Verben getrennt geschrieben; Beispiele: **vorwärts blicken, oben stehen, unten stehen, hinten bleiben**.

133 Zu den **Zusammensetzungen** werden naturgemäß viele **Substantive (Nomen)** gerechnet, weil in der deutschen Sprache die Zusammensetzung die am meisten produktive Form der Wortbildung ist.
Zu den Zusammensetzungen gehören

– sehr zahlreiche **Substantive (Nomen)** vom Typ **Fußball**
(Substantiv + Substantiv:
Fuß + Ball)

– **Substantive (Nomen)**, die einen Bestandteil enthalten, der aus einer anderen Wortart stammt; Beispiel:
Suppengrün (*grün* ist ein Adjektiv)

– **Substantive (Nomen)** vom Typ **Dienstagabend**

– **Substantive (Nomen)**, die einen Namen enthalten;
Beispiele: **Mörikegedicht, Rheinbrücke**

Getrennt geschrieben werden hingegen Bezeichnungen vom Typ **Ulmer Münster.**

Grundschule, Hauptbahnhof, Blumenkohl, Gemüsehändler;
Mitteilung, Nebenstrecke, Oberleitung, Ansage, Zusammenfassung, Anteilnahme;
Außerachtlassung, Zuhilfenahme, Inbetriebnahme;
auch mit Fugenelement (z. B. -e-, -s-):
Hund*e*steuer, Ausbildung*s*vertrag, Wohnung*s*tür

Haustür, Ofentor, Herdplatte, Briefpapier, Regenschirm, Gabelstapler, Busfahrer usw. usw.

das Stelldichein, das Vergissmeinnicht, der Nachkomme, die Vorfahren usw.;
vgl. auch Nr. 134

Montagmorgen, Freitagmittag, Dienstagabend
(wegen der Adverbien vom Typ dienstagabends siehe Nr. 128)

Elbufer, Europabrücke, Glocknergruppe, Brennerpass, Römerbrief, Adenauerallee, Schumacherstraße, Kopischweg
jedoch: Konrad-Adenauer-Allee, Kurt-Schumacher-Straße, August-Kopisch-Weg

Allgäuer Alpen, Brandenburger Tor, Torgauer Elbbrücke, Naumburger Dom, Potsdamer Abkommen, Thüringer Wald, Hamburger Straße

---

134 **Zusammenschreibung nach Wortartenwechsel:** Zu den zusammengesetzten Substantiven (Nomen) gehören auch solche Substantive (Nomen), die durch **Substantivierung (Nominalisierung)** entstanden sind und in den Herkunftswortarten aus zwei (oder mehr) Wörtern bestanden. Als Zusammensetzungen werden sie **zusammengeschrieben**, obwohl sie in den Herkunftswortarten getrennt zu schreiben sind (und als Substantive [Nomen] werden sie großgeschrieben); Beispiel: das **Fensterputzen.**

Für diese Wörter bedeutet also die Substantivierung (Nominalisierung) nicht bloß das Hinüberwechseln in eine andere Wortart, sondern zugleich den Wandel von einer Wortgruppe zu einer Zusammensetzung.

Wortgruppe (Getrenntschreibung):	→ **Zusammensetzung** (Zusammenschreibung):
Auto fahren	→ das Autofahren
Rad fahren	→ das Radfahren
Unrecht tun	→ das Unrechttun
liegen lassen	→ das Liegenlassen
sitzen bleiben	→ das Sitzenbleiben
glücklich sein	→ das Glücklichsein
schnell laufen	→ das Schnelllaufen

auch bei Partizipien:

unten stehend (< unten stehen)	→ das Untenstehende
allein erziehend (< allein erziehen)	→ der, die Alleinerziehende

135 In einigen Fällen gibt es **wechselnde Schreibungen**. Das gilt vor allem für

– Maßzahlen	drei Achtel	– drei achtel Liter (vgl. Nr. 154) (auch: drei Achtelliter)
	fünf Hundertstel	– fünf hundertstel Sekunden (auch: fünf Hundertstelsekunden)
– Substantivierungen (Nominalisierungen, vgl. Nr. 134 und 147)	das Bekanntmachen	– bekannt machen
	das Fernbleiben	– fern bleiben
	das Zusammensein	– zusammen sein
	das Radfahren	– Rad fahren usw. usw. (siehe Nr. 120)

Bei **Adverbien** kommen **wechselnde Schreibungen** vor allem durch **Erweiterung** eines Bestandteils vor; Beispiel:
diesmal ↔ dieses eine Mal.

diesmal	– dieses eine Mal
keinmal	– kein einziges Mal
manchmal	– so manches Mal
achtmal	– zum achten Mal, das achte Mal
vielmal, vielmals	– viele Male
erstmals	– das erste Mal
mehrmals	– mehrere Male
ein paarmal	– ein paar Male
jahrelang	– mehrere Jahre lang

Auch bei **Verben** gibt es **wechselnde Schreibungen** im Zusammenhang mit Erweiterung.

teilnehmen	– sich einen Teil nehmen

---

136 **Doppelschreibung**:
Bei einigen Wörtern gibt es nebeneinander **zwei gleichberechtigte Schreibungen**; Beispiel: **so dass** und **sodass**.

sodass	– so dass
aufgrund	– auf Grund
mithilfe	– mit Hilfe
anhand	– an Hand
anstelle	– an Stelle
zugunsten	– zu Gunsten
imstande (sein)	– im Stande (sein)
zugrunde (gehen, liegen)	– zu Grunde (gehen, liegen)
infrage kommen	– in Frage kommen
stattdessen	– statt dessen aber: statt deren (nur getrennt)

137	Manchmal drückt **verschiedene Schreibung** eine Verschiedenheit des **Wortinhalts** aus (**Unterscheidungsschreibung**, vgl. Nr. 52)	dabeisitzen (mit in der Runde sitzen)	– dabei sitzen (während der Tätigkeit sitzen)

dabeisitzen (mit in der Runde sitzen) — dabei sitzen (während der Tätigkeit sitzen)

daherkommen (herbeikommen) — daher kommen (deshalb kommen)

wiedergewinnen (zurückgewinnen) — wieder gewinnen (noch einmal gewinnen)

zusammenspielen (Zusammenwirkung mehrer Zufälle) — zusammen spielen (gemeinsam spielen)

gleichkommen (gleichwertig sein) — gleich kommen (sofort kommen)

gutschreiben — gut schreiben

---

138 **Zusammensetzungen** werden in bestimmten Fällen mit einem **Bindestrich** geschrieben:
– mit Einzelbuchstaben
– mit Abkürzungen
– mit Ziffern

A-Dur, x-Achse; A-Dur-Tonleiter, S-Bahn-Schalter, U-Bahn; UN-Sicherheitsrat, Fußball-WM, IC-Zuschlag, UKW-Sender, Kfz-Papier;
3-silbig, 6-jährig
(selbstverständlich auch möglich: dreisilbig, sechsjährig)

Die Schreibung mit Bindestrich trifft auch zu auf Zusammensetzungen, die aus mehr als zwei Bestandteilen bestehen und als Substantiv (Nomen) gebraucht werden.
Diese Verwendung des Bindestrichs nennt man **Durchkoppelung**.

das An-den-Haaren-Herbeiziehen, das Sowohl-als-auch, Frage-und-Antwort-Spiel, die Wenn-dann-Aussage, die Wort-für-Wort-Übersetzung, das Arzt-Patient-Verhältnis, die Do-it-yourself-Bewegung

Bei Durchkoppelungen wird der **Infinitiv großgeschrieben** (sind es mehrere Infinitive, so wird der letzte großgeschrieben),

das Auf-die-lange-Bank-*Schi*eben, das Mitten-in-der-Nacht-*A*ufwachen, das In-der-Welt-*S*ein

das Sich-retten-*L*assen

außerdem der **Anfangsbuchstabe** der ganzen Zusammensetzung und alle einbezogenen Substantive (Nomen).

das *I*n-den-Ferien-*S*ein
(aber: das Fröhlichsein [Zusammensetzung aus nur zwei Bestandteilen; vgl. Nr. 134])

Die Schreibung mit Bindestrich trifft ferner zu auf **mehrteilige Zusammensetzungen**, deren erste Bestandteile **Eigennamen** sind.

August-Kopisch-Weg (aber: Kopischweg), Friedrich-Oetinger-Straße (aber: Oetingerstr.), Theodor-Heuss-Platz, Heinrich-Heine-Allee, Julius-Leber-Schule;
Elbe-Havel-Kanal, La-Plata-Mündung

139 Man kann einen Bindestrich verwenden, – um Zusammensetzungen aus sehr verschiedenartigen Bestandteilen **übersichtlich** zu machen	die Ich-Erzählung, eine Kann-Bestimmung, die Soll-Zahlen, die Soll-Erträge, die Ist-Erträge; der dass-Satz (auch möglich: die Icherzählung usw.)
– um die Gleichrangigkeit von Adjektiven zu kennzeichnen	ein englisch-deutsches Wörterbuch
– um das Aufeinandertreffen dreier Buchstaben zu vermeiden	Bett-Tuch, Schiff-Fahrt, Hawaii-Inseln
– um Missverständnisse auszuschließen.	Druckerzeugnis → Druck-Erzeugnis oder Drucker-Zeugnis Musikerleben → Musik-Erleben oder Musiker-Leben
140 Der **Ergänzungsbindestrich** steht in zusammengesetzten Wörtern, wenn ein gemeinsamer Bestandteil nur einmal geschrieben wird.	Gepäckannahme und -ausgabe, ein- bis zweimal, bergauf und -ab, vor- und rückwärts, Haupt- und Nebeneingang, Englischbücher und -hefte

Groß- und Kleinschreibung

141 Eine Elementarbeschreibung kann nicht alle möglichen Probleme und wichtigen Beispiele ganz erfassen. Deshalb muss man als Schreibender oder Schreibende in allen Zweifelsfällen in einem **Wörterbuch** nachsehen. Auf der anderen Seite sollte man gegenüber allen Schreibenden großzügig sein, solange sie nicht gegen die Hauptregeln verstoßen (siehe insbesondere Nr. 144).	Man sollte nur das beanstanden, was eindeutig ein Fehler ist, z. B. die Kleinschreibung eines Wortes, das unzweifelhaft ein Substantiv (Nomen) ist, z. B. der Brunnen und **nicht:** * der brunnen.
142 Das **erste Wort am Satzanfang** wird großgeschrieben. Das gilt auch für das erste Wort im Wiedergabesatz der **direkten Rede**, auch wenn es sich dabei nicht um einen grammatisch vollständigen Satz handelt.	*H*eute machen wir einen Wandertag. *Wir* wollen ins Elbsandsteingebirge. Tom fragte: „*O*b wir das schaffen?"
Außerhalb der direkten Rede wird das erste Wort nach einem **Doppelpunkt** dann großgeschrieben, wenn auf den Doppelpunkt ein ganzer Satz folgt; vgl. Nr. 170.	Die Lage war klar: *D*ie Radfahrerin hatte die Vorfahrt beachtet. **aber**: Eine Person hatte die Vorfahrt beachtet: *d*ie Radfahrerin.

143	Das erste Wort eines **Buchtitels**, einer **Zeitschrift** oder eines **Zeitungsnamens**, eines **Gesetzes** oder **Vertrages**, einer **Kapitel-Überschrift** und von Ähnlichem wird großgeschrieben.	*K*aukasischer *K*reidekreis, *D*er Winterschlaf des Igels, *S*üddeutsche Zeitung, *D*ie Welt; *S*ächsisches Hochschulgesetz, *W*estfälischer Frieden, *A*mtliche Regeln zur Rechtschreibung, *B*eim Brunnen (Straßenname; vgl. Nr. 133 und 138); auch innerhalb eines Satzes: Unser nächstes Lesestück ist „*D*er Augsburger Kreidekreis". Wir wollen diese Erzählung mit dem „*K*aukasischen Kreidekreis" vergleichen.
	Zu diesem Bereich gehören vor allem Namen von Einrichtungen, Veranstaltungen und Staaten; vgl. Nr. 146.	*I*nternationes Rotes Kreuz, *G*rüne Woche, *V*ereinigte Staaten von Amerika, *F*reie und Hansestadt Hamburg
144	Alle **Substantive (Nomen)** (Hauptwörter, Namenwörter, Dingwörter) werden **großgeschrieben**. (Vgl. Nr. 147.)	der Bruder, die Schwester, das Enkelkind, ein Stuhl, die Schuld, das Wort, mein Schrank, deine Antwort, ihr Glaube, eine Million
145	Zu den Substantiven (Nomen) gehören auch die **Substantive (Nomen) in festen Gefügen** (d. h. in festen Verbindungen).	*R*echt haben, *A*ngst haben, *R*echt sprechen, *A*ngst machen, *R*echt behalten, *E*rnst machen, *U*nrecht haben *R*ad fahren
		mit *B*ezug auf in *B*ezug auf
	Zu manchen dieser Substantive (Nomen) gibt es gleich lautende Adjektive.	Es ist mir *ernst*. Ihm war *angst* und *bange*. Das Wetter war daran *schuld*. Ist es dir *recht*? Das war Yannick nicht *unrecht*. Gegenüberstellung: Mir war angst. ↔ Dieses Geheul erzeugt *A*ngst. Vgl. auch Nr. 134, 120, 121 und 125.
146	Zu den Substantiven (Nomen) gehören auch die **Eigennamen**, auch mehrteilige: Personennamen, Namen von Einrichtungen und Staaten, geographische und biologische Namen u. Ä.; vgl. Nr. 143.	Ludwig der *F*romme, Otto der *G*roße, August der *S*tarke, Elisabeth die *Z*weite; der *H*eilige Vater (der Papst), der *E*rste Vorsitzende; die *D*eutsche Bahn, der *M*itteldeutsche Rundfunk, das *D*eutsche *R*ote Kreuz, der *T*ürkische *R*ote Halbmond; die *T*schechische Republik, der *F*erne Osten, die so genannte „*D*ritte Welt", der *K*leine Belt, die *S*ächsische Schweiz, das *F*leißige Lieschen, die *G*emeine Stubenfliege; der *H*eilige Abend, der *W*eiße Sonntag; das *G*oldene Kalb, das *J*üngste Gericht, die *L*etzte Ölung
	Adjektive, die **von Ortsnamen** und anderen geographischen Namen **abgeleitet** sind, werden – **großgeschrieben**, wenn sie auf -*er* enden – **kleingeschrieben**, wenn sie auf -*isch* enden.	*H*amburg*er* Verkehrsmittel *h*amburg*ische* Sprechweise

147 **Substantivierung (Nominalisierung)**: Auch solche Wörter, die ursprünglich einer anderen Wortart angehörten, werden großgeschrieben, wenn sie **als Substantive (Nomen) verwendet** werden.

Verben z. B.: das *Sch*wimmen, dein *R*ufen, sein *K*ommen
Er hatte Freude am *St*ricken. Er kam vom *Sp*ielen.

Adjektive und **Partizipien** z. B.: das *Sch*öne, die *A*lten, das *E*ingemachte, unser *E*ingefrorenes, das *L*etzte, etwas *F*eines, genug *N*eues, viel *G*utes, manches *B*rauchbare, allerlei *U*nnützes, wenig *W*ichtiges, nichts *W*ichtiges
Es ist das *B*este, wenn du sofort kommst.

Pronomen z. B.: Tom musste immer das eigene *I*ch in den Vordergrund stellen.
ein gewisses *E*twas, das *M*ein und das *D*ein unterscheiden

Numeralien (Zahlwörter)
Kardinalzahl z. B.: Der Zeiger rückte auf die *E*ins.
Ordinalzahl z. B.: Die Miete ist am *E*rsten jedes Monats fällig

unbestimmtes Zahlwort z. B.: Es kam *V*erschiedenes dazwischen. Sina war die *E*inzige, die diese Sprunghöhe erreichte. Das haben *U*nzählige gesehen.
jeder *E*inzelne, alles *Ü*brige; vgl. aber Nr. 154

Adverbien z. B.: ein großes *D*urcheinander, das *H*in und *H*er, im *V*oraus

Präpositionen z. B.: das *F*ür und *W*ider
Der Ball lief ins *A*us.

Konjunktionen z. B.: Es kommt nur auf das *D*ass an, nicht auf das *W*ie.

148 **Substantivierungs-** (Nominalisierungs)**merkmale**: Man erkennt ein substantiviertes (nominalisiertes) Wort meistens an einem der folgenden Merkmale:
– vorausgehender Artikel oder vorausgehendes Pronomen,

insbesondere vorausgehendes Indefinitpronomen (vgl. Nr. 7 g) oder unbestimmtes Zahlwort (vgl. Nr. 8).
– vorangestelltes Adjektivattribut oder nachgestelltes Attribut beliebiger Art
– Verwendung als Subjekt oder Objekt. (vgl. Nr. 29 und 31)
– Verwendung als kasusbestimmtes Attribut. (vgl. Nr. 33)

das Neue
mein Daheim, *nichts* Neues;
dieser, jener, welcher, mein, dein, sein, ihr, unser, euer, ihr; kein, etwas, nichts, alles, einige, mancher, manche, manches; auch: allerlei, mehr, manch; ein paar, viel, vielerlei, wenig; auch: genug

nach *langem* Hin und Her
das Zweifache (auch: das Doppelte) *des früheren Preises*

Gestern kam *Verschiedenes* dazwischen. (Subj.)
Wir sahen *Verschiedenes*. (Obj.)
Stephan als *Jüngster* kann noch nicht lesen. (Kasus hier: Nominativ)
Karin kam als *Erste* herein.

149	**Adjektive** (Eigenschaftswörter) und **Partizipien in festen Verbindungen** werden dann großgeschrieben, wenn vor ihnen ein Artikel steht oder der Artikel mit in eine Präposition einbezogen ist.	*das* Folgende, *im* Klaren (sein); *des* Näheren, *fürs* Erste, *aufs* Neue Es soll auch in den folgenden festen Verbindungen mit adverbieller Bedeutung großgeschrieben werden: *im* Allgemeinen, *im* Besonderen, *im* Wesentlichen, *im* Ganzen, *im* Einzelnen, *im* Folgenden
	In Verbindungen ohne Artikel werden die Adjektive kleingeschrieben, auch dann, wenn sie eine Kasusendung an sich tragen.	von *fern*(e), von *nah* und *fern*, durch *dick* und *dünn*, von *klein* auf vor *kurzem*, von *neuem*, seit *längerem*, von *weitem*, bei *weitem*, bis auf *weiteres*, ohne *weiteres*
150	**Wechselnde Schreibungen** sind in dem Bereich der Substantivierungen (Nominalisierungen) selten, kommen aber vor.	*insbesondere* – (gleichbedeutend:) *im* Besonderen *einzeln* – (gleichbedeutend:) *im* Einzelnen *doppelt* – das Doppelte, das Doppel
151	**Zeitangaben** werden klein- oder großgeschrieben, je nachdem ob man sie – als Adverbien – als Substantive (Nomen) auffassen muss.	*abends*, *nachts*, *morgens*, *donnerstags* (vgl. Nr. 155); am *Abend*, eines *Abends*, des *Abends*, in der *Nacht*, des *Nachts*, eines *Nachts*, am *Donnerstag*
	Tageszeitbezeichnungen nach den Adverbien *vorgestern, gestern, heute, morgen, übermorgen* werden großgeschrieben.	heute *Mittag*, vorgestern *Morgen*, übermorgen *Abend*, gestern *Mitternacht* aber: der *Sonntagmorgen*, der *Dienstagnachmittag*, der *Freitagabend* (alle auch ohne Artikel möglich)
152	Das **Anredepronomen „Sie"** (Personalpronomen) schreibt man groß. Das gilt auch für alle Kasus und für das **Possessivpronomen** in der schriftlichen oder schriftlich wiedergegebenen mündlichen Anrede mit sämtlichen Kasus.	*Sie* *Ihrer*, *Ihnen*, *Sie* *Ihr* Hund, *Ihre* Katze, *Ihr* Haus z. B. Ich habe *Ihren* Hund gesehen. (Akk.)
	Hingegen schreibt man **du** und ebenso **ihr** und **dein, euer** auch in der schriftlichen Anrede klein.	Für *deinen* Brief möchte ich *dir* vielmals danken.
153	**Kleinschreibung: Adjektive** werden **auch nach Artikel** dann **kleingeschrieben**, wenn sie auf ein vorangegangenes Substantiv (Nomen) zu beziehen sind. Meist kann man das Substantiv (Nomen) an der betreffenden Stelle noch einmal **hinzudenken** (wiederholen). Die Kleinschreibung trifft auch dann zu, wenn sich das Adjektiv auf ein entfernter stehendes nachfolgendes Substantiv (Nomen) bezieht.	Mit den neuen Lokomotiven hat sich die Fahrtdauer verkürzt. Die *alten* konnten nicht so gut beschleunigen wie die *neuen*. Julia ist die *älteste* meiner drei Schwestern. (Bezugswort: *Schwestern*)

154 Die nachstehenden unbestimmten Zahlwörter werden immer klein-geschrieben (vgl. hingegen Nr. 147): **viel, wenig, der eine, der andere** (mit allen Deklinations- und Steigerungsformen).

viel, viele, (auch: die *m*eisten), *wenig(e),* der *e*ine, der *a*ndere, die *v*ielen, einige *w*enige

– ferner die Indefinitpronomen (vgl. Nr. 7 g).

Die unbestimmten Fürwörter werden fast nie substanti-viert: *m*ancher, *j*emand, *k*einer, *e*inige, *e*twas (Ausnahmen: z. B. ein gewisses *E*twas)
Diese drei kamen uns bekannt vor; die *z*wei, die *b*eiden.
Es ist gleich *z*wölf Uhr, (aber auch: Der Zeiger nähert sich der Zwölf. [Substantivierung, vorangehender Artikel])
einige *h*underte von Menschen – einige *H*underte von Menschen
in einigen *d*utzend Farben – in einigen *D*utzend Farben

Ebenso werden **Kardinalzahlen** (Grundzahlen) kleingeschrieben.

Einige Kardinalzahlen (Numeralien) können **sowohl groß- als auch kleingeschrieben** werden (Doppelschreibung).

Die **Bruchzahlen auf -tel** werden vor Maßangaben kleingeschrieben.

ein *z*ehntel Millimeter, zwei *h*undertstel Sekunden, eine *d*reiviertel Stunde (vgl. auch Nr. 135)
*d*reiviertel fünf

Sie werden auch in **Uhrzeitangaben** kleingeschrieben, wenn sie darin unmittelbar vor einer Kardinalzahl stehen.

In allen anderen Fällen werden Bruchzahlen auf *-tel* und *-stel* groß-geschrieben.

ein *D*rittel, das zweite *V*iertel, ein *Z*ehntel des bisherigen Preises;
ein *V*iertel vor fünf

155 **Desubstantivierung** (Denominalisierung): Es gibt Wörter, die aus der Wortart Substantiv (Nomen) in andere Wortarten übergetreten sind. Sie werden **kleingeschrieben.**

Adverbien:
*a*bends, *m*orgens, *m*ittwochs, *a*nfangs
(< Abend, Morgen, Mittwoch, Anfang)
Präpositionen:
*a*ngesichts, *a*bseits (*abseits* der Straße), *m*angels, *m*ittels
(< Angesicht, Seite, Mangel, Mittel)
Konjunktionen:
*f*alls, *t*eils … *t*eils (< Fall, Teil)
Indefinitpronomen:
ein *b*isschen, ein *p*aar (< Bissen [< Biss], das Paar)

Es gibt ferner einige Substantive (Nomen), die in bestimmten Textzusammenhängen als Wörter anderer Wortart verwendet und daher kleingeschrieben werden.

als **Adjektive** in Verbindung mit den Verben **sein, bleiben, werden:**
*a*ngst, *b*ange, *g*ram, *e*rnst, *l*eid, *p*leite, *r*echt, *sch*uld, *un*recht; auch: *w*ert.
(< Angst, die Bange, der Gram, der Ernst, das Leid, die Pleite, das Recht, Schuld; das Unrecht, der Wert)
Das ist Lisa *r*echt. ↔ Lisa hat *R*echt.
als **Präpositionen:**
*l*aut, *s*tatt, *t*rotz, *d*ank, *k*raft, *z*eit
(< der Laut, die Statt [Stätte], der Trotz, Dank, Kraft, Zeit)
Schneewittchen war den Zwergen *zeit* ihres Lebens dankbar.

Beachte die nebenstehenden Unterschiede (vgl. Nr. 135).

diesmal, manchmal, ein paarmal;
dieses Mal, manches Mal, ein paar Male

Worttrennung am Zeilenende

156	Am Zeilenende werden Wörter an einer **Silbengrenze** getrennt (**Worttrennung**). Die Silben ergeben sich beim langsamen Sprechen.	Bau-er, Steu-ern, ru-fen, schrei-ben, mü-de, lang-sam; Mu-se-um
157	Steht in einem einfachen (d. h. nicht zusammengesetzten) Wort nur **ein** Konsonant zwischen zwei Vokalen, so kommt er bei der Trennung auf die **nächste** Zeile. Stehen in einem einfachen Wort **mehrere** Konsonanten zwischen zwei Vokalen, so kommt bei der Trennung nur der **letzte** Konsonant auf die neue Zeile. Zu den einfachen Wörtern werden dabei auch Wörter mit Suffix oder Nachsilbe gerechnet.	Ha-fen, ba-den, ru-fen, bei-ßen; trau-rig, ko-misch; auch: A-bend, E-sel, o-der, a-ber El-tern, Gar-ten, Fin-ger, müs-sen, Was-ser; auch: die Kis-te, der sechs-te, lus-tig, der kühns-te; kämp-fen, imp-fen gründ-lich, lus-tig (s. oben), frucht-bar, furcht-sam
158	**Zusammengesetzte Wörter**, auch solche mit Vorsilben, werden nach ihren Bestandteilen getrennt, die Bestandteile nach den Regeln 156 und 157.	Ver-ein (nicht: *Ve-rein) Tür-spalt (nicht: *Türs-palt) ab-fah-ren, be-rich-ten, Ba-de-meis-ter, Ver-eins-haus
159	Da Zusammensetzungen häufig nicht als solche aufgefasst werden, so werden sie nach den in Nr. 156 und 157 wiedergegebenen Regeln getrennt. Diese Trennung ist gleichfalls zu akzeptieren. Daher ergibt sich für solche Wörter die Möglichkeit von **Doppelschreibungen** bei der Trennung.	hin-auf – hi-nauf her-an – he-ran; in-ter-es-sant – in-te-res-sant Päd-a-go-gik – Pä-da-go-gik
160	Die **Buchstabenverbindungen** (Schriftzeichen) **ch, sch, ck, ph, th** werden nicht getrennt, wenn sie für einen Laut stehen.	Bü-cher, wa-schen, Na-cken, Phos-phor, Goe-the; auch: Zu-cker, ba-cken, tro-cken

Regeln für die Zeichensetzung

161 Der **Punkt** wird ans Ende eines Satzes (Hauptsatzes oder eines Satzgefüges oder einer Satzreihe) gesetzt.

Der Zug fährt in diesem Augenblick ab.
Der Wagen kam ins Schleudern, weil der Fahrer, als er den Hund erblickte, zu plötzlich gebremst hatte. (*Satzgefüge*) Ein Hund stürzte auf die Fahrbahn, der Fahrer eines herankommenden Wagens musste plötzlich bremsen, der Wagen geriet ins Schleudern. (*Satzreihe*)

Das **Fragezeichen** ist ein Mittel, um in der geschriebenen Sprache zu kennzeichnen, dass eine Äußerung als Frage verstanden werden soll. Durch das **Ausrufungszeichen** wird eine Äußerung als Ausruf, betonter Wunsch, betonte Aufforderung oder als aus anderen Gründen betont gekennzeichnet.

Will Susanne mitkommen?
Wann wollen wir uns treffen?
Du kommst doch?
Ausgerechnet heute muss es regnen! (*Ausruf*)
Es wäre so schön, wenn jetzt die Sonne durchbräche! (*Wunsch*)
Geht heute Abend bitte schnell ins Bett! (*Aufforderungssatz*)
Er gab das Buch nicht zurück, obwohl ich ihn nicht weniger als dreimal dazu aufgefordert hatte! (*betont*)

Eine nicht betonte Aufforderung wird mit einem **Punkt** abgeschlossen.

Schreibt die Aufgabenstellung vollständig mit in eure Hefte.

162 Das **Komma** (Beistrich) trennt den **Nebensatz** vom Hauptsatz ab.
– vorangestellter Nebensatz (Vordersatz)
– eingefügter Nebensatz (Zwischensatz)
  (von Kommas eingeschlossen)

– nachgestellter Nebensatz (Nachsatz)

Weil Anna jetzt frei stand, spielte Daniel ihr den Ball zu.
Obwohl wir froren, waren wir glücklich.
Daniel spielte, *weil Anna jetzt frei stand,* dieser den Ball zu.
Daniel spielte Anna, *die jetzt frei stand,* den Ball zu.
Beate traf, *obwohl sie ganz durchgefroren war,* recht zufrieden bei der Tante ein.
Daniel spielte Anna das Leder zu, *weil diese frei stand.*
Beate lächelte, *obwohl es regnete.*

163 Das Komma trennt den **Nebensatz** von einem übergeordneten Nebensatz ab.

Anna lief sich frei, weil sie den Ball haben wollte, *den Giulia jetzt sehr schnell nach vorne brachte.*
Weil Florian, *der mit dem Fahrrad gekommen war,* im Laufe des Abends seinen Schlüssel verloren hatte, musste Tante Christa den Riegel des Speichenschlosses herausbiegen.

Bei Vergleichen wird ein Komma gesetzt, wenn ein ganzer *Vergleichssatz* folgt (Komparativsatz, vgl. Nr. 42 c); andernfalls wird kein Komma gesetzt.

Das war mehr, *als wir vertragen konnten.* Dieser eine leistete an einem Tage mehr, *als die anderen in vier Tagen fertig gebracht hatten.*
(*Vergleich, aber kein Vergleichssatz:*) Dieser eine leistete an einem Tage mehr als die anderen in vier Tagen.

164 **Besonderheiten beim Nebensatzanfang:** Besteht der Anfang eines Nebensatzes aus **mehr als einem Einleitewort**, so wird das Komma vor die ganze Wortgruppe gesetzt.

Sie wollten bis Worms radeln, *auch wenn* sie die letzten Kilometer bei Dunkelheit fahren müssten.
Ich habe Tom selten gesehen, *aber wenn* wir uns trafen, haben wir ausführlich miteinander gesprochen.
Die Freunde entdeckten Florian, *gleich als* er das Haus verließ.
Wir wollen morgen nach Stavenhagen, *ganz gleich wie* das Wetter wird.
Als Wortgruppen dieser Art kommen vor allem vor:

auch wenn	ferner:
außer dass, außer wenn, außer wo	je nachdem ob
als dass	je nachdem wie
anstatt dass	vor allem weil
ohne dass	besonders wenn
nämlich dass, nämlich wenn	besonders weil
selbst wenn	insofern als

„und" + unterordnende Konjunktion: Wenn *und* ein **Satzgefüge** anbindet, das mit einem Nebensatz beginnt, so wird das Komma vor das *und* gesetzt (und nicht vor die unterordnende Konjunktion), entsprechend bei *oder* und anderen nebenordnenden Konjunktionen.

Tom kam spät nach Hause, *und weil* er sehr hungrig war, setzte er sich sofort zu Tisch.

72

An ein gleichrangiges **Satzglied** wird ein Nebensatz mit *und* (oder mit einer anderen nebenordnenden Konjunktion) nach der Entscheidung des oder der Schreibenden mit Komma oder ohne Komma angeschlossen.

Milch, *und was wir sonst zum Frühstück brauchen*, kaufen wir im Laden an der Ecke.
Milch und *was wir sonst zum Frühstück brauchen*, kaufen wir im Laden an der Ecke.
[Akk.obj.: *Milch*, gleichrangig dazu:
Nebensatz als Akk.obj.satz: *was wir sonst zum Frühstück brauchen*]

165

a) Das Komma trennt die **Glieder einer Aufzählung** voneinander,

b) soweit diese nicht durch eine nebenordnende Konjunktion miteinander verknüpft sind.

Die Schüler kommen teils zu Fuß, teils mit dem Fahrrad, teils mit dem Bus.

Aber: Die Schüler kommen zu Fuß, mit dem Fahrrad *oder* mit dem Bus.
Er blieb vor der Haustür stehen, zog sein Schlüsselbund aus der Tasche *und* steckte den Hauptschlüssel ins Schloss.

c) Es können **aufgezählt** werden:
   – **Wörter**
   – **Wortgruppen**
   und mehrstellige Wortfolgen.

Als solche nebenordnenden **Konjunktionen** kommen in Betracht:

und	sowohl … als auch
oder	sowohl … als
bzw./beziehungsweise	sowohl … wie
sowie (= ‚und‘)	weder … noch
wie (= ‚und‘)	

Die vier Jahreszeiten sind *Frühling, Sommer, Herbst, Winter*.
Man kann diese Aufgabe *im Kopf, auf Papier, mit dem Taschenrechner* lösen. Wir *wollen eine längere Radtour machen, unterwegs in einem der Badeseen schwimmen, danach Ball spielen* und *trotzdem rechtzeitig nach Hause kommen*.

   – **Sätze** (gleichrangige Teilsätze)

   ● **Hauptsätze**

Die Wolkendecke reißt auf, die Sonne bricht durch, die Vögel singen, es ist schön. (**Satzreihe**)
Eine dunkle Wolke hatte sich über uns geschoben *und* schon zuckte der erste Blitz über den Himmel. (**Satzreihe mit „und“**; vgl. Nr. 168)

   ● oder **gleichrangige Nebensätze**;
   gleichrangig bedeutet: Von den Nebensätzen ist keiner einem der anderen Nebensätze untergeordnet.)

Laura wusste, *dass Fatima ihr helfen wollte, dass sie schon unterwegs war, dass sie in wenigen Minuten durch die Tür treten musste.* (**gleichrangige Nebensätze**; vgl. Nr. 168)
(Gegenbeispiel: ungleichrangige Nebensätze
Laura wusste,
          dass Maria gefragt hatte,
                    ob sie sofort kommen soll.
Der 3. Teilsatz [ein Nebensatz] ist hier mit dem 2. Teilsatz [ebenfalls ein Nebensatz] nicht gleichrangig; Teilsatz 3 ist dem Teilsatz 2 **untergeordnet**.)

d) Nach einem Zwischensatz (**Einschub**, vgl. Nr. 166) steht bei Aufzählungen mit *und* (oder einer anderen nebenordnenden Konjunktion) vor dem *und* (oder der anderen Konjunktion) ein Komma.

Das Haus, *das am Fluss steht*, und das Haus auf der Bergkuppe gehören ihm.
Die Kinder, die gerade hitzefrei bekommen hatten, *weil es wärmer als 27 °C im Schatten war*, und die jetzt schnell zum Baden wollten, rasten mit dem Fahrrad nach Hause

e) Die Glieder einer Aufzählung können auch
   – durch eine **Gegensatz-Konjunktion (aber, jedoch, sondern)**

   – oder durch das **negierende Adverb „nicht“** oder durch das **negierende Pronomen „kein“**
   – oder durch eine **Satzteil-Konjunktion** miteinander verknüpft sein.

Er sang nicht schön, *aber* laut. Er sang laut, *aber* auch schön.
Er versuchte es erneut, *jedoch* vergebens.
Es waren nicht vier, *sondern* zehn Kamele.
Laura wollte am Dienstag, *nicht* am Mittwoch kommen.
Wir erwarten Sonnenschein, *keinen* Regen.

teils zu Fuß, teils mit dem Fahrrad, teils mit dem Bus

Jedoch steht vor **nachgestelltem** *aber* kein Komma.

Susi kam sofort, Laura *aber* erst nach zehn Minuten.

166 Das Komma trennt **alle Teile ab, die den Fluss des Satzes hemmen**, wie z. B.

– Anreden
– Einschübe
– nachgestellte Teile

„Erdal, sieh dich doch einmal schnell um!"
Nachts, *d. h. nach 24.00 Uhr*, ist der doppelte Fahrpreis zu zahlen.
Gestern sind sehr viele Dächer abgedeckt worden, *durch den Sturm.*
Verlassen Sie mein Haus, *und zwar sofort!*
Diese Buslinie ist gut ausgelastet, *vor allem morgens und abends.*
Die Wagen der anderen Linie fahren fast leer, *und das auch während des Berufsverkehrs.*

– Verdoppelungen, Wiederholungen
– Ausleitungssatz und Einschub in der direkten Rede (vgl. Nr. 173)

Der Sturm, dieser außergewöhnlich heftige Sturm hat vieles verwüstet.
„Kommen die Mädchen gleich nach?", *fragte ihn seine Tante.*
„Die Mädchen kommen gleich nach", *sagte der Bruder.*
„Die Mädchen", *sagte der Bruder*, „kommen gleich nach."

In einigen Fällen gewinnt der oder die Schreibende Möglichkeiten besonderer Hervorhebung oder hat Wahlfreiheit.

Sie konnte, *trotz der Dunkelheit*, den Weg finden.
Er ließ vor Schreck den Teller fallen.
Er ließ, *vor Schreck*, den Teller fallen.
Er ließ den Teller fallen, *vor Schreck.*

Der Sturm, dieser heftige Sturm tobte die ganze Nacht. (Wiederholung als Aufzählung; vgl. Nr. 165)
Der Sturm, dieser heftige Sturm, tobte … (als Einschub)
Es kamen viele Lehrer, auch ehemalige zu dem Treffen. (Aufzählung)
Es kamen viele Lehrer, auch ehemalige, zu dem Treffen. (Einschub)

Zu den Einschüben gehört auch die **Parenthese** (eingeschobener Hauptsatz oder eingeschobenes Satzgefüge; das Anfangswort wird kleingeschrieben).
Man kann die Parenthese – und auch andere Einschübe – statt in Kommas auch in **Gedankenstriche** oder in **Klammern** einschließen.

Auf dem Nachhauseweg, *es war mitten im Winter*, überraschte uns ein Gewitter.
Die Nachbarin, *du weißt schon, wen ich meine*, sah lange vom Balkon herunter.

167 Nachgestellte **Appositionen** (Erweiterungen eines Substantivs [Nomens] durch ein Substantiv im gleichen Kasus) müssen immer in Kommas eingeschlossen werden (vgl. Nr. 33).

Ich musste erst noch dem Busfahrer, *meinem Freund*, helfen.

168 **Mögliche Kommasetzung:** Der oder die Schreibende k a n n ein Komma setzen
– vor und nach **formelhaften (bzw. verkürzten) Nebensätzen**

Wie gesagt(,) es war mitten im Winter.
Maria kommt(,) *wenn nötig*(,) auch nachts.

– um Missverständnisse auszuschließen

Sie rieten, ihm zu folgen. ↔ Sie rieten ihm, zu folgen.
Ich empfehle, Sascha zu helfen. ↔ Ich empfehle Sascha, zu helfen.

– zwischen gleichrangigen Teilsätzen mit *und* oder *oder* (vgl. Nr. 165c).

Die Sonne bricht durch(,) *und* die Vögel singen.
Ich weiß, dass Julia helfen will(,) *und* dass sie gleich kommt.

169 Das **Semikolon** (Strichpunkt) wird zwischen zwei Sätzen gesetzt, wenn ein Punkt eine zu scharfe Trennung bedeuten würde.

Die Vorstellung war zu Ende; die Leute kamen heraus.

170 Der **Doppelpunkt** dient der Ankündigung
– vor allem der Ankündigung der wörtlichen Rede (vgl. Nr. 173),

Laura rief: „Ilse, kannst du mir helfen?"

– aber auch anderen Ankündigungen, insbesondere der Ankündigung von Aufzählungen.

Meine Großeltern haben viele Tiere: *Kühe und Schweine, Hühner, Enten und Gänse und einen alten Hofhund.*
Die Namen der Monate sind: *Januar, Februar, März …*

– Manchmal dient der Doppelpunkt auch zur besonderen Hervorhebung

– Manchmal dient der Doppelpunkt auch zur besonderen Hervorhebung.	Sie wusste, auf wen sie besonders achten musste: auf die Rechtsabbieger.
Großschreibung nach dem Doppelpunkt nur dann, wenn ein *ganzer Satz* folgt; sonst **Kleinschreibung**	Mein Problem war: *Wie* komme ich nach Ribnitz? Sie wusste, auf wen sie achten musste: *auf* die Rechtsabbieger.

171 **Als Auslassungszeichen** dient der **Apostroph**.
Der Apostroph wird gesetzt
– zur Kennzeichnung des Genitivs bei **Eigennamen**, die
  - auf **-s, -ss, -ß**

  Ines' Mountainbike, Jonas' Schultasche, Aristoteles' Schriften

  - oder einen verwandten Laut (**-tz, -z, -x, -ce**) enden

  Heinz' Geburtstag, Alice' Spielzeug
  Jedoch kein Apostroph bei Artikel, Possessivpronomen o. Ä.: die Schriften *des* Aristoteles.

– Wörter mit **Auslassung**, die ohne Apostroph schwer zu lesen wären.

  in wen'gen Augenblicken, 's ist auf ewig schade, 's wär' schade

Ein Apostroph k a n n gesetzt werden bei möglichst getreuer Wiedergabe mündlicher Äußerungen in der Schrift.

„Ich lass' das nicht zu."
„Das wär' aber 'ne große Leistung." auch: „'n große Leistung"
„Das wär' schad'."
„Bittschön, nehmen S' Platz!"

Bei der **kontrahierten** Form von **Präposition + Artikel** wird der Apostroph **nicht** verwendet.

beim, am; zur; ans, aufs, fürs

172 Die **Anführungszeichen** („Gänsefüßchen, Häkchen") werden hauptsächlich für die Kennzeichnung der **wörtlichen Rede** verwendet.

Er sagte: „Morgen Vormittag bin ich schon in Stuttgart." Sie sah ihn an. „Am Nachmittag werde ich in Freiburg sein", fuhr er fort. „Da hast du ja", bemerkte sie, „einen anstrengenden Tag vor dir."

Man verwendet sie auch
– um ein **kurzes Zitat** zu kennzeichnen

Sie waren am Sonntag 100 km mit dem Rad gefahren, „nur um nicht einzurosten", wie sie sagten.

– um anzuzeigen, dass man als Schreibender oder als Schreibende vom Ausgesagten deshalb **abrückt**, weil man den Wahrheitsgehalt bezweifelt oder weil man das Gesagte für unwahr hält
oder weil man **ironisch das Gegenteil** des Gesagten **ausdrücken** will

Er hatte die hässliche Schüssel „aus Versehen" fallen lassen.
d. h. hier: absichtlich

– um **einzelne Wörter** vom umstehenden Text **abzuheben**

Ich kann beweisen, dass „trotzdem" keine Konjunktion (Bindewort), sondern ein Adverb (Umstandswort) ist.
Sie erzählte uns viel von den Gebräuchen, die in den „Houses of Parliament" üblich sind.
Ich finde Goethes „Erlkönig" obendrein noch interessant.

– um **Buchtitel** usw. zu kennzeichnen.

Halbe Anführungszeichen benutzt man dann, wenn **innerhalb von Anführungszeichen** wieder etwas mit Gänsefüßchen versehen werden muss.

Tobias sagte: „Danach hat Tom ‚Hilfe, Hilfe!' geschrien."
„Und das nannte der Arzt nun ‚vorsichtig einrenken'!", berichtete sie empört.
„Haben Sie ‚Die Schatzinsel' auch als Taschenbuch?", fragte sie die Buchhändlerin.

Außerdem verwendet man die halben Anführungsstriche, um zu kennzeichnen, dass man einen **Wortinhalt** darstellt (auch semantische Anführungsstriche genannt).

Autogramm: ‚eigenhändige Unterschrift'
Auto: ‚Kraftfahrzeug'

Daniel sagte:	„Es regnet schon seit Stunden."
Einleitungssatz	Wiedergabesatz (wörtliche Rede)

direkte Rede

Die **wörtliche Rede** (Wiedergabesatz) wird in **Anführungszeichen** gesetzt.

Die **Hinleitung** zur wörtlichen Rede (d. h. Einleitungssatz, vorangestellt) schließt mit dem **Doppelpunkt** ab.

Das **Anfangswort** der wörtlichen Rede schreibt man groß,
auch dann, wenn die wörtliche Rede nicht aus ganzen Sätzen besteht.

Die **Ausleitung** innerhalb der direkten Rede (nach dem Wiedergabesatz) (d. h. Einleitungssatz, nachgestellt) beginnt man mit einem **kleinen Buchstaben**. Man setzt davor ein **Komma**.

Das gilt auch dann, wenn die wörtliche Rede mit einem Frage- oder Ausrufungszeichen endet. In diesem Fall stehen zwischen der wörtlichen Rede und der nachgestellten Einleitung **zwei Satzzeichen**.
Innerhalb der wörtlichen Rede behalten
– Fragesätze das **Fragezeichen**
– Ausrufe, betonte Wünsche, betonte Aufforderungen das **Ausrufezeichen**.

Setzt sich die wörtliche Rede nach der Ausleitung **fort**, so werden erneut Anführungszeichen gesetzt und das erste Wort des neuen Satzes wird **großgeschrieben**.

Ein **Einschub** in eine wörtliche Rede (d. h. Einleitungssatz, eingeschoben) wird in **Kommas** eingeschlossen; der Anfangsbuchstabe wird **kleingeschrieben**.

Statt Einleitungssatz heißt es manchmal: „Begleitsatz", „Redeeinleitung"; der nachgestellte Einleitungssatz heißt auch „Ausleitung".

Daniel sagte: **„**Bei dem schlechten Wetter fahre ich lieber nicht mit dem Fahrrad. Ich nehme heute den Bus.**"**

Daniel sagte**:**

Er sagte: „*D*er Zug nach Rostock fährt in wenigen Minuten."
Der Zugschaffner rief: „*B*itte einsteigen!"
Steffi fragte: „*W*ieso das?" Fabienne schrie: „*W*arum denn?"
Paul fragte: „*W*as für ein Gefühl?" Tom antwortete:
„*M*erkwürdig." ; oder: Tom antwortete: „*E*in merkwürdiges."

„Heute gibt es Schokoladenpudding"**,** *s*agte Laura zu ihm.

„Hast du die Milch gekocht?**"**, *f*ragte Daniel.

„Kommt ihr jetzt herauf?", rief Frau Schneider.
„Ich will aber nicht!", rief Carla zurück.

„Wie viele Minuten sind es noch bis zur Abfahrt des Zuges nach Stralsund?", fragte die Frau. **„***I*ch muss nämlich noch auf meine Tochter warten. Sie will auch mitkommen.**"**

„Ich möchte", *s*agte Sarah**,** „so gerne nach Möckmühl."

Register

(Die Zahlen verweisen auf die Nummern links neben den farbigen Spalten)

(Die Zahlen verweisen auf die Nummern links neben den farbigen Spalten)

Auskünfte zur Rechtschreibung und zu stilistischen und grammatischen Fragen erteilen:

Gesellschaft für deutsche Sprache
Sprachberatung
Telefon 0611-9995555
(montags bis donnerstags von 9 bis 12.30 Uhr und von 14 bis 16 Uhr, freitags von 9 bis 12.30 Uhr)
Spiegelgasse 11
65183 Wiesbaden

Sprachberatungsstelle der Dudenredaktion
Telefon 0190-870098
(montags bis freitags von 9 bis 12 Uhr und von 14 bis 17 [freitags bis 16] Uhr)
Postfach 100311
68003 Mannheim

Grammatisches Telefon Potsdam
Telefon 0331-9772424
(montags bis freitags von 10 bis 12 Uhr)

Grammatisches Telefon Aachen
Telefon 0241-801
(montags bis freitags von 10 bis 12 Uhr)

(bei grundsätzlichen Problemen)
Institut für deutsche Sprache
Telefon 0621-15810
Postfach 101621
68016 Mannheim